新装版

さとりと日本人

頼住光子
Yorizumi Mitsuko

食武和徳行

ぷねうま舎

表紙・扉の作品：菅 木志雄「捨置状況」1972/2012
撮影・佐藤 毅
グレンストーン美術館所蔵、展示風景・BLUM & POE、
ロサンゼルス, 2012年

装丁=Bowwow 矢部竜二

はじめに

「縁起‐無自性‐空」について

本書は、この日本列島に住み、日本語を使って考えた人々が、外来の思想・文化として伝えられた仏教から何を学び、どのように世界観や人間観の新たな次元を切り拓いていったのか、そのさまざまな軌跡をたどろうとしたものである。

仏教の原点は、釈迦の菩提樹下での「さとり」である。釈迦は、「さとり」の経験を通じて体得した教えを、八十歳で入滅するまで人々に説き、弟子たちがそれを受け継いだ。こうして、インドで紀元前五世紀頃に興った仏教は、その後、初期仏教、部派仏教、大乗仏教と展開し、さらに大乗仏教は、インドから中国やチベットをはじめとする東アジアに広がった。各種の資料によれば、日本には六世紀中葉に、朝鮮半島経由で中国仏教が伝来したという。

以上の経緯をみても、日本に伝来した仏教は、出発点である釈迦の教えから大きく変化したものであったと言えよう。しかし、そのような中で、一筋の糸が途切れずに継承され、それが、わが国におけるさまざまな文化や思想の創造を促したということはできないだろうか。私は、その一筋の糸として、仏教の基本的な教義としての「無我 anātman」「無常 anitya」、そして「縁起 pratītya-samutpāda–無自性《むじしょう》 niḥsvabhāva–空 śūnyatā」を考える。本書の第一章以下でもたびたび言及するように、「無我」とは、自己を含めてあらゆるものが固定的、不変的ではないということである。仏教は、先行するバラモン教が、存在にはアートマンと呼ばれる不変の本質（＝我）が宿り、人間の場合それが永遠の魂であると説いたのに対して、不変的で固定的なものなど何もないと断ずる。あらゆるものが固定的、不変的でないということは、すべてが移り変わっていくということで、これを「無常」という。そして、「無我」で「無常」なるものが、「今、ここ」にあるということを説明するのが、「縁起–無自性–空」というグループ・フレーズである。

このうちの「無自性」は、「自性」（本質）を持たないということで、「無我」と同じ意味である。「空」とはよく誤解されるように空っぽで何もないということではなくて、固定的で不変的なものは何もないということであり、これも「無我」「無自性」と同一の事態を意味する言葉である。では、「無常」「無我」「無自性」「空」なるものが、なぜ「今、ここ」にあるのか。それを説明するのが「縁起」である。「縁起」とは、時間的にも空間的にも、さまざまな原因によってものごとが成り立っているということを意味しており、それは「関係的成立」と言うことができる。さまざまな関係の網の目の結節点が、「今、ここ」にいる「この私」である。それは、他との関係の中で、「今、ここ」においては、このようなものとして立ち現れているが、関係が変われば、また時間空間の推移変動とともに「場」が変化していけば、移り変わっていく。

そうであるにもかかわらず、私たちは、自分も含めて何か不変のものがあるかのように考えてしまい、それに対して執着をもつ。仏教では、この執着を「煩悩」と呼び、煩悩こそが人間の苦しみの源であるとする。そして、煩悩を脱却するためには、「老・病・死」の現実を超えようとした釈迦がそうしたのと同様に、修行して開悟成道《かいごじょうどう》するしかないと説くのである。自分も含めてあらゆるものが関係の中でそのものとして立ち現れているすぎない、すなわち「無我」「無常」なるものであることを知り、そのことを心の底から納得すること、これこそが仏教の「さとり」なのである。

私たちは、子供のころ、自分の持ち物には名前を書きなさいと周囲から教えらえる。もちろん、私たちの社会が、個人というものを基礎的単位として成り立っている限りにおいて、この指導は正しい。子供は、自分が他とは違う独立した一つの単位であり、その単位が自分の持ち物としてさまざまな物をコントロールする、つまり管理し支配するのだということを学ぶ。そして、社会の中で生きる単位としての自分自身の序列を高め、なるべくよりよいものを、より多く自分のものとしようとする。

一人の個人が生まれてから死ぬまで同じ個人としてカウントされるという恒常性こそが、社会組織を構成する基本原理である。仏教は、現実社会がそのような成り立ちをしているということ自身を、ただちに否定するものではない。しかし、それで人間のリアリティのすべてが尽くせるのかを考えるのが仏教の発想である。

まず、個人の名前というものを仏教的立場から考えてみる。名前とは、社会生活の場において必須のものであると同時に、仏教的立場から見れば、それゆえに人間を含めて存在の真のあり方を隠蔽するものである。私たちは、生まれてから死ぬまで同じ名前をもつからこそ、一生の間、自分自身は不変的で固定的な存在であると考えてしまう。しかし、その恒常的な名によって指し示されている当体は、変化し移り変わる「無我」「無常」「縁起‐無自性‐空」なるものなのである。

「自分」と考えられていたものが、すでにこのようなものである以上、仏教の立場からすれば、「自分が支配し管理する持ち物」ということ自体も実は成り立たないのである。そこからは、あらゆるものは、実は誰のものでもなく、その時、その場において必要な人が必要なだけ用いる、必要な人に必要なものが行きわたるように配置するという考え方が生まれてくる（本書終章の第2節「仏教――道元の「四摂法」観」を参照）。

このような仏教の発想は、「今、ここ、この私」の真のあり方を探求すると同時に、人類の歴史の中でいつのまにか当たり前と考えられてきた、「持つこと、支配すること」を手放しでよしとする考え方を相対化する発想でもある。それは、自己と他者、自己と世界とを分断されたものとして見ない「連続性」の発想ということもできるだろう。

このような、連続性の発想は、実は、仏教を受け入れた古代日本人ももっていないものではなかった。次にこの問題についても触れておこう。

古層としての連続的人間観・世界観――和辻哲郎・丸山眞男・家永三郎

これまでの代表的な日本思想史研究者は、古代人の発想としての「連続性」について共通して言及している。

たとえば、日本近代を代表する哲学者・文化史家である和辻哲郎（一八八九―一九六〇年）は、古代日本人の心性の特徴として、「宣命《せんみょう》」（特殊な和文体で書かれた天皇の命令）などに出てくる「清明心《きよきあかきこころ》」をあげる。これは、共同体の他の成員から見通され得る、何ら後ろ暗いところのない心である。そこには、自己と他との深刻な対立は見られず、自己と他者、自己と共同体とがおのずから繋がっているという連続的かつ楽観的な人間観、世界観が見て取れる。和辻は、主著『倫理学』において人間存在を「間柄的存在」として規定し、認識する我 cogito ではなくて、家族をはじめとするさまざまな関係を担うものとして人間存在を捉え、そこから人間のあるべきありようを探求した。和辻の考える「間柄的存在」としての人間の原型は、まさに、自己と他とを有機的連関のうちに捉えた、古代日本人に求めることが可能だろう。

政治思想研究者として、戦後の日本思想史研究を牽引してきた丸山眞男（一九一四―九六年）も、古代人の連続的世界観に注目している。丸山は、仏教、儒教、西洋近代思想等の外来思想受容の受け皿となった日本思想の「古層」として、「つぎつぎとなりゆくいきおい」、つまり活動・作用を神格化する心性をあげた。この生成のオプティミズムは、自己も他もこの生々のエネルギーを担うものとして連続しているという有機体的人間観、世界観と重なり合う。

さらに、日本古来の肯定の論理と、外来の仏教などを通じて受容した否定の論理の相克のうちに「日本道徳史」を構想した歴史学者、家永三郎（一九一三―二〇〇二年）は、原日本的な思惟の特徴として、肯定的、楽天的人生観と連続的世界観をあげる。自己と他者とが対立なく融合し、「無礙《むげ》の親和力」によって対立の深刻化は避けられる。そして、その「無礙の親和力」の中では、本来であれば世界からの超越を惹起するような深い苦悩も情趣の中に解消されてしまう。若干の例外を除いて、日本という場においては外来思想のもたらした否定の論理が十分に根づき発達することはなかった、と家永は指摘するのである。

以上のように日本思想史の学としての確立に大きく寄与した、和辻、丸山、家永の所論の中で、共通して日本的思惟方法の原型が探求され、自己と他者、自己と共同体との関係を深刻な対立ではなく、有機的連関として把握しようとする傾向が指摘されていることを確認した。もちろん、そのような原型に対して和辻のように肯定的であるか、丸山のように批判的であるか、また家永のように仏教による「否定的精神」（連続性を断ち切る個の原理）の導入に大きな意味を認めるかどうか、それぞれニュアンスの違いはあるのだが、三者ともに、この原型がその後の日本思想の展開を規定したことを認めるのである。

彼ら三人の所論に対して、私自身がこだわりたいのは、「連続性」の質である。彼ら三人の想定する「連続性」とは、最終的には既存の人間関係、既存の社会との連続性であり、いわば眼前の現実の「手放しの容認」にも繋がろう。しかし、眼前の現実を超えた次元に広がる「連続性」というものがある。それは、限られた時空に閉じ込められた連続性ではなくて、時空を超えた、真の意味での連続性であり、その次元に立てば、現実のあらゆるものが相対化されざるを得ないような連続性である。仏教が、日本人に教えたのは、この意味での連続性であった。日本人は、仏教によって自分たちの基盤にある「連続性」が、さらに深い次元に根差していることを自覚させられたのではないだろうか。より深い次元の「連続性」の自覚は、たとえば日本中世の隠遁者の場合のように、「遁世」、すなわち眼前の「連続性」の否定に結果する。しかし、『方丈記』であれ『徒然草』であれ、彼ら世捨て人の作品が、現代人の心を今なお打つとすれば、それは、彼らが眼前の世を捨てることによって表現し得た、時空を超えた「連続性」がわれわれに迫ってくるからではないだろうか。

日本人は、各時代に仏教の源泉から新たな糧を得てきた。それはまさに、時空を超えた無限の連続性という原点に立ち戻り、それに、時代に即した新たな表現を与えてきたということだろう。以下では、その表現の具体的様相を見ていきたい。

目　次

第一章

食と仏教

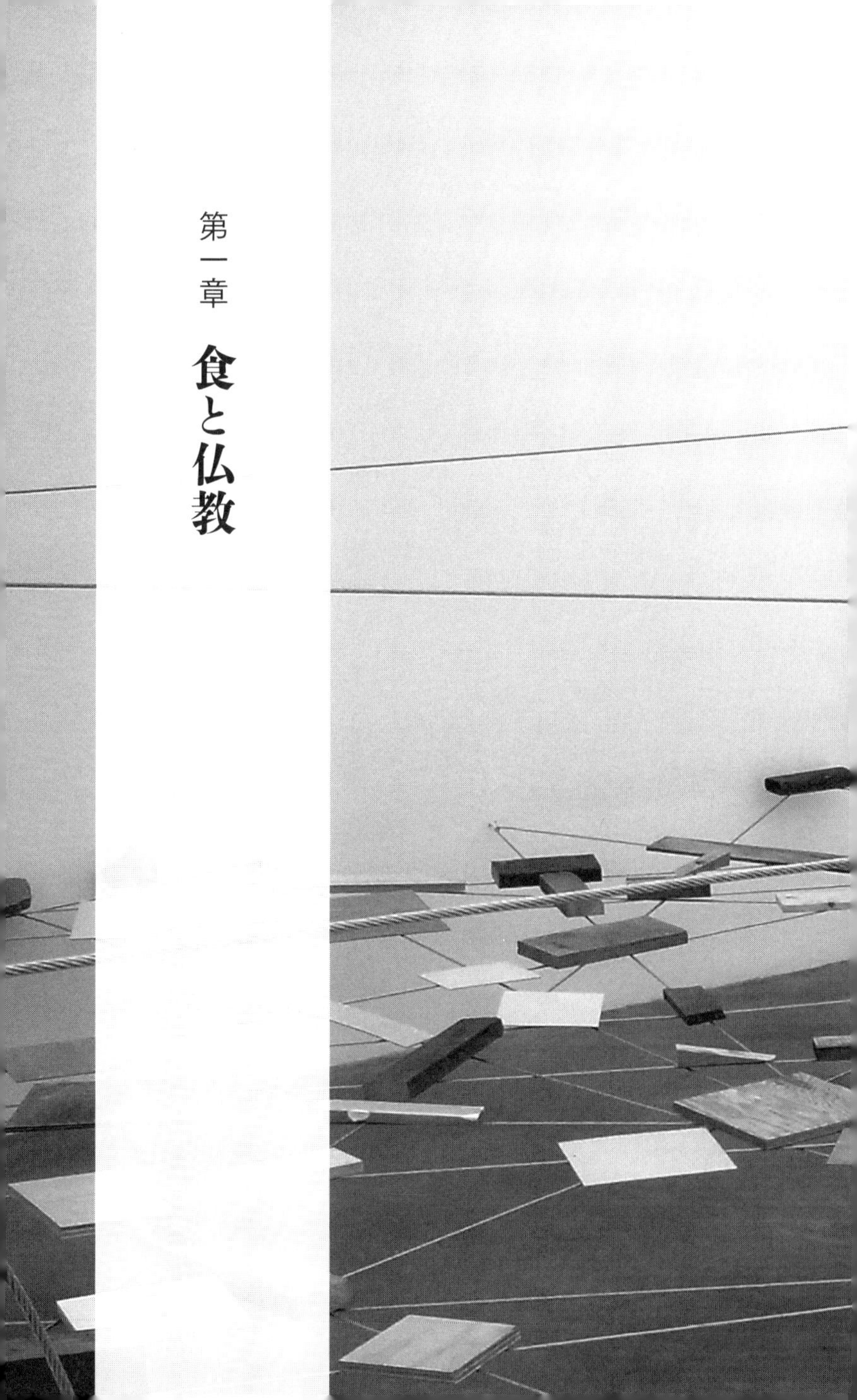

仏教が日本文化に与えた影響は多大なものであるが、食文化もその例外ではない。食材、調理方法にしても食事の作法にしても、広く深く仏教は影響を与えている。一例を挙げれば、茶を飲むという習慣が広まったのは、『喫茶養生記』で知られる日本臨済宗の栄西が、喫茶法（抹茶法）を中国からもたらしたことによるし、健康食、スローフードとして注目されている精進料理も、本来は僧侶の摂る食事であった。食事の前に手をあわせ、合掌するのは、修行僧の食事の作法に由来する。* 本章においては、仏教と日本文化のつながりを具体的に考えるために「食」を取り上げる。そのための前提として、まずは、仏教において「食」というものはどのように考えられてきたかということから検討してみよう。

＊ 食事の前に両方の掌を胸や顔の前で合わせて合掌するのは、仏教の作法であるが、仏教以外の宗教でも食前に感謝の祈りを捧げる作法がみられる。たとえばキリスト教では日々の食事の際に祈りが捧げられる。なお合掌については、現在、仏教の作法として定着しているが、そのもとを辿っていくと、仏教以前から古代インドで行われていた敬礼法であり、挨拶として日常的に行われていたという。

1　仏教における「食」の基本的位置づけ

断食修行の否定と必要最低限の食の摂取

仏教における「食」について考えるにあたって、まず確認しておきたいのは、仏教では食欲をはじめとする欲をどのように位置づけてきたのかということである。この問題を検討するにあたっては、仏伝（釈迦の生涯の伝説的記録）の中でもよく知られた、次のような釈迦（前五六六―四八六年、または前四六三―三八三年、諸説あり）の修行に関するエピソードが参考になる。

ネパールとインドの国境付近にあった小都市国家カピラヴァスツの王子として何不自由のない生活を送っていた釈迦は、二十九歳の時に、世俗的価値の虚しさを実感し人生の真実を求めて出家した。最初は、当時インドで一般的であった苦行者の中に身を投じ、一日に穀物を一粒しか食べない断食をはじめとする修行を行った。しかし、それによって開悟することはできず、釈迦は苦行をやめて、村の娘が捧げた乳粥を食べて身心を回復させたのち、菩提樹の下で瞑想をして開悟成道を遂げ、仏陀（覚者）になった。

ここで注目されるのが、釈迦は断食の修行を行ったが、それによっては開悟することは不可能であると気づき、断食をやめ、最小限度の食物を摂って修行をすることで開悟成道を成し遂げたということである。このエピソードには仏教の「食」に対する考え方がよく現れている。

仏教においては、坐禅瞑想をはじめとする修行を通じて開悟成道することがめざされる。その際、人間の持っているさまざまな執着、欲望は煩悩として否定され、煩悩から解放され、身心ともに清浄を達成しなければならないとされる。ただし、断食修行が否定されていることからもわかるように、食欲をはじめとする欲望がすべて完全に否定されたとはいえない。つまり、身心の健康を維持し、修行を続けるために最低限必要な食欲を満たすことは認められている。認められていないのは、欲望のままに過度に食べすぎたり、食について選り好みをして美味を求めたりという、「食」に対する執着である。つまり、食への執着なく、与えられた最低限の食物を摂取するというのが、仏伝が語る仏教の「食」に対する基本的な姿勢なのである。

このような執着を離れた「食」への態度という観点からみれば、釈迦がいったんは断食修行を行いながらも最終的にはそれを否定したということの意味もわかってくるだろう。美食の追及が「食」に対する執着であるのとはベクトルが正反対になるが、断食もまた「食」へのマイナスの執着であろう。飽食でもなく、また、断食して肉体を苦しめることにこだわるのでもなくて、修行するために最低限の食物を摂取し身心を健康に保つことが、仏教における「食」の意味なのである。

このような、仏教の食欲に対する態度――つまり、最低限の食欲を満たすことは許容しつつ、その制限を越える欲は否定する――は、たとえば、最古の仏教経典と呼ばれているスッタニパータの「七〇七　腹を減らして、食物を節し、少欲であって、貪ることなかれ。かれは貪り食う欲望に厭《あ》きて、無欲であり、安らぎに帰している」（中村元訳『ブッダのことば　スッタニパータ』岩波文庫、一九八四年、一五三頁）という一節にもよく現れている。つまり、ここでは、食の節制と、あくなき欲望（貪り）の否定こそが、涅槃寂滅の境地の達成（安らぎ）にとって不可欠であることが示唆されているのである。このような二つの態度には、仏教の思想的特徴がよく現れている。まず前者の態度、すなわち限度をわきまえた上で最低限の食欲を満たす「小欲知足」の容認は、仏教がその究極目標である開悟成道のための修行を最優先するきわめて強い実践的性格をもつことを表す。身体修行を重視する仏教では、身体の健康の維持のための最低限の「食」は、後述するようにその摂取条件をさまざまに課し、それが過度のものとならないことを確保しつつ認め、苦行としての断食などは否定するのである。

次に後者、すなわち制限を越える欲を否定するということについて、仏教の存在論との関係でさらに検討してみたい。最低限の「食」という制限を越えた場合、「食」に対する欲望は、煩悩として否定される。煩悩は執着であり、執着は修行を妨げる汚れである。仏教の基本的な存在論は、「無我」、「無常」であり、すべての存在者（諸法）は、他のものとの関係において「今、ここ」で一時的に、つまり仮のものとして現象しているに過ぎない。それゆえに、その仮のものを実体化して、それがあたかも不変のもの（＝我《アートマン》）であるかのように幻想を抱き、それに執着することは、「無我」、「無常」の教えに反することになる。したがって、執着としての欲望、すなわち煩悩は否定されるのである。

ここでは、諸存在を実体化して執着する煩悩は、生存維持のための単なる欲とは性質が異なるものと捉えられるのである。

仏教のこのような「食」への欲望に対する二通りの考え方の背景と広がりを考えてみよう。このような二通りの考え方は、後世の経論にも散見される。たとえば、『阿毘達磨大毘婆沙論』（大正二七、六七七a、『婆沙論』と略す）では、『雑阿含経《ぞうあごんきょう》』にみられる「四食《しじき》」の考え方を紹介して、食に対する肯定的な見方と否定的な見方とを挙げている。*「四食」とは、生きとし生けるものの身心を養い育てる世の糧を、段食・触食《そくじき》・思食・識食の四つに分類したものである。段食とは肉体を養う有形の飲食物であり、触食とは感覚によって身を養うこと、思食とは意思や希望によって身を養うこと、識食は心の識別作用によって次生に再び身を受けることである。このうちで一般的に「食」と考えられているのは段食であるが、仏教では身心一如の立場から、五感や識別作用によるポジティヴな刺激が「心の糧」となって身を養い、身を過去・現在・未来にわたって維持していくと考える。これについては、たとえば重病人が希望を糧として肉体の病を好転させるというようなケースを想定することができるだろう。このような四食に対しては、前掲の『婆沙論』では、「食も亦、能《よ》く安楽の根本となる。世尊の説くが如し。道は資糧に依り、涅槃は道に依る」（食も、安楽の境地の根源となり得る。世尊が言っているとおりである。仏道修行は糧を基盤とし、さらに最高の安楽の境地への到達である涅槃は仏道修行を基盤にしている）と述べ、修行や「さとり」の基盤として、適切な食を通じて身心に糧を得ることを肯定的に捉えている。

＊以下も含めて『阿毘達磨大毘沙論』における四食の解釈に関しては、小川宏「四食論考」（『智山学報』第四十輯、一一七―一二〇頁）参照。なお本論文は原始仏教から大乗仏教に至る四食思想が網羅されており、仏教における食を考える上で参考になる。

しかし、同時に、『婆沙論』では四食について否定的な見解についても取り上げている。たとえば、「経に説く、苾芻《びっしゅ》よ、是の如き四食は、是れ衆病《しゅびょう》の本、是れ癰瘡《ようそう》の本、是れ毒箭《どくせん》の本、是れ老死の因、是れ老死の縁なり」（比丘たちよ。経では、四食とは、諸々の病気の本、膿瘍の本、煩悩の本、輪廻の直接原因、輪廻の間接原因であると説いている）という、部派仏教の経典である『雑阿含経《ぞうあごんきょう》』一五（大正二―一〇一c）の一節を挙げて、「食」を病気や輪廻の源として否定する考え方を『婆沙論』は紹介する。＊しかし、これは単に「食」を全否定しているのではなくて、「有情が段（食）を食するの欲を止めんが為なり」（衆生が有形の飲食物に固執するのを制止するための方便として否定されているに過ぎない）と『婆沙論』は説く。以上のように、この四食説においても、前述の仏教の二つの食に対する態度が貫かれているということができる。

＊　大森一樹「Samyutta-Nikdya における縁起の根拠としての四食」（『印度學佛教學研究』第五七巻第一号、二〇〇八年一二月）では「四食が単に「生存を維持する食物」という意味から、一歩進んで、三世に亘る存続の苦の原因として位置付けられた」（三三二頁）と輪廻と食物との結びつきについて縁起説の観点から指摘している。輪廻と食との結びつきは、仏教に先立つウパニシャッド哲学以来であると宮坂有勝は説明している（『仏教の起源』山喜房仏書林、一九七一年、一二四―一八四頁）。また、細田典明「古代インド

の食の概念と食物の起源――神々と人間の食物」（細田典明編著『食と文化――時空を超えた食卓から』北海道大学出版会、二〇一五年）では、『起源経』によって、世界は創造・維持・破壊のサイクルを繰り返し、破壊の時に光音天に避難し、喜びを食としていた衆生は、人間界に移動し、世界を覆う水の上に被膜のように生じた蜜のように甘い「地の精」を舐めてこれに愛着して、それが「段食」となり、以後次々に「地餅」「蔓草」「稲」が生じるが、その過程で衆生の食への執着がつのっていき、さらに稲作のために田を分割し、人の田に侵入し盗みをはたらく者を取り締まり罰を与える王が生まれたと説明する。つまり、この文脈においては、「食」は迷苦の世界の成立とのかかわりで考えられているのである。

「食」の二面性は、結局のところ、衆生が「食」によって維持する「生」をどう捉えるかということに連動している。「食」は衆生の「生」を過去、現在、未来にわたって維持するものではあるが、その衆生の生き方が煩悩からの解放と解脱とを求め、修行するというものである限りにおいて、「食」は意味あるものとなる。しかし、その「生」が無明《むみょう》に基づくものである限り、「食」は迷苦の輪廻を重ねさせるもとにしかならない。仏教は、迷苦の中にある衆生に対して、無明を脱却し解脱することを説き、解脱に向けて修行する身心を維持するに足る最低限の食の摂取と過度の耽溺への否定を説いたのである。

乞食行（托鉢）

さて、出家修行者は身心の健康を保持するための最低限の食物をどのように得るのだろうか。それは、まず乞食行《こつじきぎょう》（一定の作法に従って在家信者から食を請い求めること、托鉢ともいう）によってである。そもそも、サンスクリット語で男性出家修行者、女性出家修行者をそれぞれ意味する、ビクシュ bhikṣu（比丘）、ビクシュニー bhikṣuṇī（比丘尼）とは、（食を）乞う人という意味であった。出家修行者たちは乞食して、在家信者から供養された食物を選り好みせずに食べていたのである。

この乞食行については、初期仏教以来の十二頭陀《ずだ》の中で規定されている。頭陀とはサンスクリット語のズータ dhūta の音写であり、もともとの意味は払い落とすということで、煩悩の汚れを払い落とし、衣食住の貪りを捨てて清浄に修行に励むことを意味する。特別に厳しい修行を行う者が自主的に守るべき規定であり、具体的には次の十二項目からなる。

一、阿蘭若住《あらんにゃ》　人家を離れた静かな所に住する。
二、常乞食　常に乞食を行ずる。
三、次第乞食　乞食行をするのに家の貧富によって差別や選択を行わず、順番に回る。
四、一坐食　一日一食。午前中しか食べない。
五、一鉢食《いっぱつじき》　一鉢以上、食べ過ぎない。

六、時後不食　中食《ちゅうじき》以降は飲食物を摂らない。
七、糞掃衣《ふんぞうえ》　捨てられたボロ布を綴り合せた粗末な衣である糞掃衣を着る。
八、三衣《さんね》　大衣、上衣、下衣のみ所有する。
九、塚間住《ちょうけん》　墓場や死体捨て場に住む。
十、樹下住　樹下に留まる。
十一、露地住　屋根や壁のない空地に住む。
十二、常坐不臥　常に坐し横臥しない（寝ている時も坐禅瞑想の姿を保つ）。

以上のうち、二から六が「食」に関する規定となっている。インド仏教においては、僧侶は執着を絶って、一切の世俗的な生産活動、経済活動、労働から離れ、修行に専念するべきであるとされ、食材を自ら調達したり調理をしたりすることはなかった。僧侶は、午前中のみに食事を摂り、正午以降は食事を摂らないという戒律を守った（非時食戒*）。在家信者も布薩《ふさつ》（月六回、在家信者が寺院に集まって催した法会）の日にはこの戒律を守った。

＊　タイなど上座部仏教（いわゆる小乗仏教）の国々では現在でも、原則として僧侶は午前中に一食または二食を摂るのみで正午以降は食事をしない。それに対して、中国の禅宗では夕方に摂る食事を薬石と称し、仏道修行をすすめるための薬として晩間（夕方）の粥《シュク》を食べることを許した。これは、一二〇九年の『入衆日用清規』（無量宗寿撰）に明記されている。

そして、この午前中に摂る食事は、十二頭陀でも規定されているように、乞食行の際の在家からの供養によって得られた。仏教では、出家修行者と在家信者とを截然と分ける。出家修行者は、修行して、もし開悟成道できれば輪廻転生から解脱できるが、在家修行者は、出家修行者のように修行に専念できないので開悟成道も解脱も望めない。そのかわり、仏教的功徳を積むことによって、現世においては何がしかの現世利益が、来世においては生天《しょうてん》が望めたのである。* そして、仏教的功徳として大いに推奨されたのが、出家修行者に食を供養することである。初期経典を読んでいると、在家信者が釈迦や弟子たちを食事に招き、食を供養している場面に多く出会う。これは、一つには釈迦の教えを受けることを望んでのことであるが、さらに、修行者に食事を供養することによって、供養した本人も功徳を積んで、それによってよい報いを得ることを期待していたのである。

＊ 生天とは、解脱しない限り、生きとし生けるもの（衆生《しゅじょう》）が、生まれ変わり死に変わり、経めぐり続けるとされた六つの世界である天・人間・修羅・畜生・餓鬼・地獄のうちでは最高の世界である天に、死後に生まれ変わることで、在家信者の目標であった。ただし、天の世界の住人も寿命の尽きる時があり、その兆候（天人五衰）が現れると非常な苦しみを味わうと考えられていた。

さて、このような乞食行をはじめとする修行形態は仏教にはじまるのではなく、仏教に先行するバラモン教でも行われていた。バラモン教においては、四住期（アーシュラマ）といって、人生を以下のような四つの段階に分け、上位三カースト（バラモン・クシャトリア・バイシャ）の理想的な生き方が示された。

一、学生期　五―十二歳の時にこの住期に入り、十二年間、師についてヴェーダ読誦や祭式のやり方を習って宗教教育を受ける。
二、家住期　壮年期に家長として家庭を営む。結婚し、男児を儲けることが義務づけられる。
三、林住期　老年期になると引退し、家を息子に任せて森林で隠遁生活を営む。
四、遊行期　諸国を遍歴修行して、托鉢のみによって生活する。

この中の遊行期においては、托鉢のみにより生活し、ひたすら解脱を求めて修行を行った。仏教もこの遊行期における修行のあり方に倣って、（修行に入る時期はより早いものの）乞食行を行った。つまり、ここでは、「食欲」をはじめとする欲望は、修行する身心の健康を維持する最低限に制限されている。このようなやり方は、インドの伝統的な修行方法であり、仏教もその伝統を受け継いでいるのである（ちなみに、現在でもインドでは、隠居して家を息子に譲ってから出家修行をすることが理想的生き方とされ、それを実行する人も少なからず存在するという）。

「食」のタブー

さて、仏教をはじめとして宗教と「食」の問題を考えるにあたっては、タブーの問題が大きなテーマとなる。多くの宗教では、食べることがタブーとされる食品が決められている。たとえば、イスラームでは豚肉やアッラーの名のもとに、頸動脈を切って屠殺されたのではない肉を食べることが厳しく禁じられている。他方、バラモン教の後身であるヒンドゥー教では牛を神聖視しその肉を食べることはタブーである。また、食品のみならず、食事をともにすることに対する厳しいタブーがみられることもある。* たとえば、厳しい身分制度をとるバラモン教やその後身のヒンドゥー教では、自分より下位のカーストの者と一緒に食事したり、また下位のカーストの者の触れた食品を食べたりすることは厳しく禁じられている。

＊ 共食に関する信仰は古代社会に広くみられるものである。たとえば『古事記』のイザナギの黄泉国《よみのくに》下りに関する説話で、妻イザナミがヨモツヘグイ（黄泉国の食物を摂ること）をしてしまったので現世に戻れないとされているのは、まさに黄泉国の食物を摂ることで黄泉国の一員となってしまったということを表す。このような共食のタブーに関する神話・伝説は、大地と豊饒の女神デメテルの娘ペルセポネをめぐるギリシャ神話など、世界各地にみられる。

仏教ではどうだろうか。まず、飲酒は出家・在家にかかわらず厳守するべき五戒（不殺生《ふせっしょう》・不偸盗《ふちゅうとう》・不《ふ》邪淫《じゃいん》・不《ふ》妄語《もうご》・不《ふ》飲酒《おんじゅ》）の中で禁じられている。ただし、殺生、偸盗、邪婬、妄語はその行為自体が罪悪である性罪《しょうざい》であるのに対して、飲酒は、行為それ自体は罪ではないが、飲酒をすることによって罪を犯しやすくなるので遮罪《しゃざい》として禁止された。*

＊ 仏教の戒律は随犯随制《ずいぼんずいせい》であり、釈迦の教団において何らかの事件が起こったのに従って、釈迦がその事

件の原因となった行為を戒め、明文化し、教団として禁止していったことから戒律が生まれたとされる。不飲酒戒が制定された事情については、以下のように伝えられている。バッダヴァティカー村には悪竜がいて人々を苦しめていた。通りがかったサーガタ（スワーガタ）長老は、一夜この悪竜の住処で坐禅をして悪竜を折伏して仏教に帰依させた。このことでサーガタ長老は有名になり、人々から多くの供養を受けたが、供養された酒を飲み過ぎて泥酔してしまった。それをみた釈迦は、それ以後修行者たちの飲酒を禁止したのである。この不飲酒戒は東南アジアの上座部仏教（いわゆる小乗仏教）においては現在でも厳しく守られているが、中国仏教では酒を「般若湯《はんにゃとう》」として飲用していた（たとえば、『東坡志林』巻二に、「僧は酒を謂いて般若湯となし」とある）。

また、日本では、仏教は食肉を否定していると考えられてきたが、実は、インド仏教においては、乞食行（托鉢修行）の際に、自分の捧げる鉢に在家信者が供養として入れた食物を日々の糧とすることになっていたので、僧侶の肉食《にくじき》は禁止されてはいなかった。*

＊ 上座部仏教を奉じる東南アジア諸国では、現在でも僧侶は供養されたものであれば、一定の条件の下で肉も食べている。食肉を避けるために調理される精進料理も発達していない。

最古の仏典の一つと呼ばれ、釈迦在世当時の仏教教団のあり方が色濃く反映されているとされる『スッタニパータ』の次のような一節からも、食肉が禁止されていなかったことがうかがわれる。*

二四二　生物を殺すこと、打ち、切断し、縛ること、盗むこと、嘘をつくこと、詐欺、だますこと、邪曲を学習すること、他人の妻に親近すること、――これがなまぐさである。肉食することが〈なまぐさい〉のではない。

二四三　この世において欲望を制することなく、美味を貪り、不浄の（邪悪な）生活をまじえ、虚無論をいだき、不正の行いをなし、頑迷な人々、――これがなまぐさである。肉食することが〈なまぐさい〉のではない。

二四四　粗暴・残酷であって、陰口を言い、友を裏切り、無慈悲で、極めて傲慢であり、ものおしみする性で、なんぴとにも与えない人々、――これがなまぐさである。肉食することが〈なまぐさい〉のではない。

二四九　魚肉・獣肉（を食わないこと）も、断食も、裸体も、剃髪も、結髪も、塵垢《じんこう》にまみれることも、粗い鹿の皮（を着ること）も、火神への献供《けんく》につとめることも、あるいはまた世の中でなされるような、不死を得るための苦行も、（ヴェーダの）呪文も、供犠も、祭祀も、季節の荒行も、それらは、疑念を超えていなければ、その人を清めることができない。

＊　前掲、中村元訳『ブッダのことば　スッタニパータ』五四―五六頁。なお、スッタニパータでは同様の言い方で先行する諸宗教観念を仏教の立場から解釈し直すということが見受けられる。たとえば、バラモンに関しては、「六二〇　われは、（バラモン女の）胎《はら》から生まれ（バラモンの）母から生まれた人をバラ

モンと呼ぶのではない。(中略)無一物であって執著のない人、——かれをわたくしは〈バラモン〉と呼ぶ」(同書、一三七頁)と言われ、当時の宗教界における最高の身分であったバラモンを、通常のように生まれながらの先天的なものとしてではなくて、後天的な行動によるものとして捉えている。ただし、このようなカースト制度に関する否定は、世俗世界におけるそれへの否定ではなくて、あくまでも宗教的世界に限定されていたところに、世俗と宗教的世界の二分法で世界を把握する仏教の大きな特色がある。

以上の引用からうかがえるように、ここでは「なまぐさ」は、文字通りに肉を口にするということではなくて、僧侶として慎むべき放逸かつ汚れた行為と拡大解釈をされている。「なまぐさ」を口にしないことを、修行者として行いを慎み、清浄を達成することであると捉えたのである。また、「なまぐさ」が問題とされているこの引用からは同時に、当時のインドでは菜食主義に基づき、宗教者が一切食肉をしないことを尊ぶ風潮があったこともうかがえる。* しかし、断食修行も飽食も両方とも斥けて、供養によって得られた最低限の食を摂ることを主張する仏教においては、同様の論理から、食肉禁止にこだわることはなかったのである。

＊　たとえば、仏教と同時期に成立し、仏教が十三世紀にインドで滅んだ後も存続し続け、現在でもインド社会に少なからぬ影響力をもっているとされるジャイナ教においては、徹底した禁欲主義と不殺生戒の遵守が主張され、出家者に関しては断食死すら容認されていた。バラモン教やその後継のヒンドゥー教でも、高位のカーストに所属する者は食肉全般を忌避したが、同時にバラモン教(ヒンドゥー教の一部でも)では祭祀の際に動物供犠が行われた。反バラモン教を旗印とした、仏教やジャイナ教などの新興の宗教は、

不殺生を主張することによって、宗教的権威として当時君臨していたバラモン教を批判した。

ただし、肉を食べるためには鳥獣の命を奪うことが前提されており、不殺生戒に抵触するために一定の制限が加えられた。[*1]「見聞疑《けんもんぎ》の三肉」ではない「三種の浄肉」のみ、僧が食べることを許されていたのである。三種の浄肉とは、殺されるところを見なかった肉、自分のために殺されたと聞かなかった肉、自分への供養のために殺された疑いのない肉である。このような肉であれば、それを食べたとしても不殺生戒を犯したことにはならないとされた。さらにこの規定は、五種の浄肉、九種の浄肉などと範囲が拡大していった。[*2]

＊1　仏教の不殺生戒の対象は、人間のみならず生きとし生けるものすべてにおよぶ。この点はおなじ不殺生の戒めでも、キリスト教やユダヤ教、イスラームなどのセム系一神教の戒めが人間のみに適用されたことと対照的であると指摘されている。なお、仏教では不殺生戒の精神に則って、食用のために捕獲された鳥獣や魚を放して命を救う放生が盛んに行われた。また、出家者は外出するにあたっては濾過布を携行し、水を飲むとき、それを使って水中の虫を呑み込んで殺さないように注意していた。

＊2　五種の浄肉とは三種の浄肉に、自然死した鳥獣の肉と、鳥の食べ残した肉を加えたもので、九種の浄肉とは、さらに、自分のために殺したのではない肉、自然死してから日数がたって乾上った鳥獣の肉、偶然に食べてしまった肉、供養された肉を加えたものである。

このようにインドの仏教や、僧侶の生活方法においてインド仏教を受け継ぐ面の多い東南アジア仏教においては、食肉は条件をつけて認められていた。これに対して、食肉の禁止が一般化するのは中国仏教においてであるが、これについては後述することにしよう。

さて、先に述べたように、仏教に先行するバラモン教ではカースト制と呼ばれる厳しい身分制度が敷かれていた。特にカーストの異なる者同士が同席したり、低位のカーストの者の捧げた食物を食べたりすることは禁忌とされてきたのであるが、仏教は、カースト制度を否定する立場から、このようなタブーも否定する。たとえば、最晩年の釈迦の布教の旅のありさまを伝えるとされている『パリニッバーナ経』によれば、釈迦は低位の身分と考えられていた遊女が供養した食事への招待に応じている。このときは、貴族の子弟も釈迦を食事に招待しようとしたが、釈迦は先約である遊女の招待を受けたと伝えられている（中村元訳『ブッダ最後の旅』岩波文庫、一九八〇年、五四頁参照）。また、同経によれば、釈迦が命を落とすきっかけとなったのは、在家信者であるチュンダの供養したキノコ料理であり、それを食べて食中毒を患い亡くなった。*チュンダは銀細工師であったと伝えられているが、銀細工師は、当時のカースト制度のもとでは低位のカーストであった。このような低位のカーストに属する者の供養でも釈迦は一切拒まず、さらにチュンダが自分の供養で釈迦を死に至らしめたと悔やまないようにと心遣いをして、「チュンダの供養したものは清浄である」と死の苦しみの中で繰り返して言ったことも同経に載っているのである。

＊　一説によれば、チュンダの捧げたのは「豚肉」であったと言う。もし豚肉だったとするならば、仏教では食肉を禁じていなかったことを示す好例である。豚肉かキノコかという論争の詳細は、前掲『ブッダ最後の旅』二五九頁の注一一〇を参照されたい。

2　仏教における「食」の諸相

部派仏教の成立と「食」

さて、釈迦の死後、百年ほどたったころ、教団は分裂した。分裂のきっかけは戒律にあった。教団が発展して布教範囲も広まっていくのにつれて、戒律を弾力的に運用しよう、さらに戒律の精神を汲めば、戒律の個々の規定にこだわらない方がいいと主張する進歩的なグループが教団内で抬頭してきた。これを大衆部《だいしゅぶ》という。それに対して、教団の幹部である長老を中心として、釈迦の教えのとおり、戒律を厳密に守っていこうという主張も根強かった。このような主張をするグループを上座部という。特に戒律の条項の中でも問題となったものは十事*であるが、その中には金銀浄（供養された金銀・金銭を、直接受け取ってよい）という項目とならんで、塩浄（供養された塩を、後日にそなえ備蓄してよい）という項目もあった。初期教団においては、托鉢で得た食物はその日のうちに食べることになっており、何であれ蓄えることは禁止されていたが、大衆部は教団拡大にともなう必要に応じて、食糧備蓄を許すべきであると考えたのである。

＊十事とは、塩浄・二指浄（本来、食事が摂れない正午過ぎでも、日時計の影が二指の幅まで推移する間は食事可）・聚落間浄（二つの村落での食事の後、他村落で食事可）・住処浄（同一寺内でも別々に布薩〔自己の犯した戒律違反の反省・懺悔会〕可）・随意浄（人数が不足していても事後承認で議決可）・久住浄（教団行事について律に従わず、土地の慣例に準拠可）・生和合浄（食後に乳酪を摂取可）・水浄（完全には醗酵していない椰子汁酒を飲用可）・坐具浄（好きな大きさの坐具を使用可）・金銀浄を指す。

部派仏教においては、経・律・論の三蔵が整備されたが、このうちの律とは出家者たちが教団における共同生活の中で遵守しなければならない規則のことである。律蔵は部派ごとにさまざまであり、四分律、五分律、十誦律《じゅうじゅりつ》、摩訶僧祇律《まかそうぎりつ》などの漢訳が残っている。そこでは、「食」に関しても成文化された規定が制定された。たとえば具足戒二百五十戒には「不受食戒《ふじゅじきかい》」（他者から施されないのに自分で取ることを禁止）、索美食戒《さくびじきかい》（乳・酪・魚・肉などの美味な食物を病人でもないのに在家信者に求めることを禁止。ただし病人は可）等があり、また事細かな食事の作法が制定されるなど、さまざまに「食」に関して規定されている。また、食肉についても三種浄肉等であれば許されたが、十種肉禁（人・蛇・象・馬・驢《ろ》・狗・獅子・猪・狐・猿の食肉の禁止）が課せられた*。前述のように、インドの仏教教団では、「食」は基本的には修行する身心を養うためのものであり、それを外れた「食」は規制されたのである。

なお、このような部派仏教一般にみられる「制限付きの食肉容認」の中で注目されるのが、アショーカ王（在位、紀元前二六八―二三二年）の法勅にみられる慈悲と不殺生の精神に基づく食肉禁止である。

法勅には、「王の領土にあっては、いかなる生物と言えども、屠殺し犠牲に供してはならない」（日本山妙法寺『阿育王刻文』一九八四年、六頁）とあり、さらに、アショーカ王の宮殿では以前は宴会用に数千の動物が屠殺されていたが、今は二羽の孔雀と一頭の鹿が屠殺されるだけになり、これらも将来的にはなくすべきだと述べられている。次に登場する大乗仏教において全面的に主張されることになる、殺生禁断、食肉忌避が、すでにこの段階において、仏教的な慈悲や不殺生の精神と結びつけられて主張されていることは留意すべきであろう。

＊詳しくは、佐藤密雄『律蔵』（仏典講座4、大蔵出版、一九七二年）を参照。また、部派仏教における食肉制限については、下田正弘「三種の浄肉再考――部派における肉食制限の方向」（『佛教文化』第二二巻、東京大学仏教青年会、一九八九年）参照。
十種肉禁において、人肉が禁じられているのは、古代インドにおいては人肉が薬効を持つとされており、市場で売られていたことを背景にしていると考えられる。律典の中には、病気になった僧が人肉を食べた話が記載されている（道端良秀「中国仏教と肉食禁止の問題」（『大谷學報』第四六巻第二号、一九六六年）。

大乗仏教における「食」

インドにおける大乗仏教の「食」について考えるにあたって注目すべきなのは、大乗仏教の経典である『入楞伽経《にゅうりょうがきょう》』や『涅槃経』の中に「食肉禁止」の考え方がみられることである。[＊] 大乗仏教に先立つ部派仏教においては、不殺生戒に抵触するおそれのある食肉については三種浄肉の規定などを設けて制限し、積極的に推奨することはなかったものの、托鉢の際に、在家信者から供養される場合は、肉であれ、魚であれ、選り好みをせずに食べることになっていた。出家修行者たちは、修行に専念すべき立場であるから、調理を含め俗世の一切の活動からは離れ、乞食行の際に在家信者から受ける供養がその食生活の基本となっていたのである。

＊　下田正弘『涅槃経の研究――大乗経典の研究方法試論』（春秋社、一九九七年）によれば、本来仏教には食肉忌避はなかったが、インドの一般社会における食肉忌避と食肉に対する差別が『涅槃経』に大きな影響を与えたとされている。

しかし、前述のように、インドの宗教界一般をみるならば、俗世を捨てて断食や菜食を行う修行者がいて、その苦行の厳しさによって一般人の尊崇を集めているという状況があった。また、当時のヒンドゥー教においては、カースト最上位であるバラモンは肉を食べないものとされた。＊さらに釈迦と同時代人であるマハー・ヴィーラによって開創されたジャイナ教も、不殺生の立場から徹底的な食肉忌避を強く主張した。

＊　インドの法典『マヌ法典』（紀元前二〇〇年から紀元後二〇〇年の間の成立）には、「肉の出所、及び生類を縛り、且つ、殺すが如き（残酷）を熟慮し、すべての肉食を断つべし」（五・四九、田辺繁子訳『マヌの法典』岩波文庫、一九五三年、一五一頁）とある。ただし『マヌ法典』にはこのような食肉禁止の立場の他に、食肉を自然のものとして容認したり、祭祀の供犠に限り容認したりする立場もみられる。

このように大乗仏教が普及した当時のインドの一般的な宗教観念によれば、断肉は望ましいものであり、それによって宗教的な威信が得られた。それを受けて、在家信者が大きな役割を果たした大乗仏教では、食肉禁止が出家修行者に大いに期待されたということがまず考えられるのである。

また、大乗仏教においては菩薩の利他行として慈悲が強調されたことも食肉を禁止する要因となったと考えられる。このことに関連して、『入楞伽経』の食肉禁止について確認してみよう。『入楞伽経』は、五世紀頃の成立と考えられており、空を説きつつ唯識説《ゆいしきせつ》をも説く教典であり、特に阿頼耶識《あらやしき》と如来蔵《にょらいぞう》とを同一視した点で如来蔵（仏性《ぶっしょう》）思想の展開の中で大きな意味をもつ経典である。この『入楞伽経』の「遮食肉品《しゃじきにくほん》第十六」では、「我、食肉の人は大慈種を断つと説く」（私は肉を食べる人は慈悲の種を断ち切っていると説く）（大正一六、五六三b）というフレーズが繰り返され、慈悲ゆえに肉を食べることを避けるべきことが説かれている。そこでは、六道を輪廻するものたちは過去世においては自分の親兄弟だったかもしれないのだから、自分が食用にする動物も、もしかしたら過去世においては親兄弟だったかもしれないと説かれ、それだからこそ食肉を避けるべきことが主張されるのである。*

＊『入楞伽経』「食肉品」の概要とチベット訳を参考にした現代語訳については、安井広済「入楞伽経における肉食の禁止」（『大谷學報』第四三巻第二号二、一九六三年）を参照。

また、『涅槃経《ねはんぎょう》』「聖行品」では「肉を食べず、酒を飲まず、五辛《ごしんよ》能く熏《くん》じたる、悉《ことごと》くこれを食さざれば、それゆえに、その身臭きところあることとなし」（肉も酒も五辛も摂取しなければ身は不浄ではない）（大正一二―四三二c）と言われ、「如来性品」では「それ肉を食する者は大慈種を断ず」（肉を食べる者は慈悲の種を断ち切っている）（大正一二―三八六a）、「一切の現肉は悉くまさに食すべからず。食する者は罪を得ん。我今この断肉の制を唱ふ」（一切の肉を食べてはいけない。食べると罪になる。私は今、食肉を禁止する）（大正一二―三八六c）と言われ、食肉が大乗利他の精神に反していることが明言されている。『涅槃経』は「一切衆生《いっさいしゅじょう》、悉有仏性《しつうぶっしょう》」をスローガンとしていることで知られているが、生きとし生けるもののすべてに仏性（仏の本質、仏となる可能性）を認めるがゆえに、仏性を宿す動物を殺して食物とすることを避けるのである。*

＊　ただし、植物は、感覚のない非情のものとされて衆生からは除外され、食べても問題ないとされた。大乗仏教で食肉が禁止されるのと並行して、初期仏教、部派仏教においては感覚あるものとされていた植物が、感覚のない非情とされ、非情＝可食、有情＝不可食とされたことが、岡田真美子「仏教における環境観の変容」（『姫路工業大学環境人間学部研究報告』第一号、一九九九年）で指摘されている。なお、小乗戒とも呼ばれる具足戒二百五十戒のうちの単堕法（波逸提法とも。一人から三人の比丘の前で懺悔すれば出罪可）には、植物を殺したり殺させたりしてはならないという規定がある。このことからも、初期仏教、部派仏教が植物を感覚ある有情と考えていたことがわかる（この規定があるから、修行者は果物や芋などを丸ごと食べられない。予め切って供された果物は食用可である）。

このように、『入楞伽経』も『涅槃経』も、「慈悲」に基づいて肉食を断つことを説いている。仏教における「慈悲」とは、単に弱者や劣位者への同情を意味するわけではない。自己と他とを別個のものとした上で、自己を固定的に立てたまま、自己とは違うかわいそうな他者に対して同情するのであれば、それは仏教の慈悲とは程遠いものである。優劣のヒエラルキーを固定的に前提した上で優位者が劣位のものを憐れむのであれば、それは仏教の「慈悲」とは言えない。仏教の「慈悲」とは、自他一如の基盤において、自己と他者との一体性ゆえに、他者の喜び、悲しみが自己のそれへとダイレクトに連動してくるという事態である。自他の連続性が、生きとし生けるものは過去世・現世・未来世にわたる輪廻転生の中で、親兄弟であったかもしれないという表現になる。輪廻転生の中で親となり子となっているのだから、生き物を殺して食べてはいけないと言われるのである。「食肉禁止」は、まさにこのような自他一如の連続性の自覚に基づく慈悲を背景としてこそ成り立つのである。

以上のように、大乗仏教は、慈悲と食肉禁止との関係を、人間存在の根源にまで遡って探求した。その極北とも言えるのが、釈迦の前生譚（ジャータカ）にみられる自分の肉を他者に施す捨身行である。その中で、釈迦の前世の姿である主人公たちは、単に他者の肉を食べないだけではなくて、積極的に自分の肉を他者に施そうとする。それは、食肉禁止が単なる食物選択の問題ではなくて、大乗仏教において菩薩の利他行という文脈の中で思想的に突き詰められたことを物語っている。

大乗仏教の菩薩の利他行の観念は、釈迦の前生譚を通じて発達したと言われている。菩薩とは、そもそも前世における修行中の釈迦を指す言葉であり、後に概念の外延が拡大して修行者一般を指すようになった。釈迦の前生譚の中でも重要な位置を占めるのが、捨身行である。* これに関して注目すべき前生譚に尸毘王《しびおう》の物語がある。その物語は次の通りである。

布施行の修行をしている尸毘王は、鷹に追いかけられている鳩を救ってやった。しかし鷹は鳩の肉を食べないと、自分は飢え死にしてしまうと王に訴える。その訴えを容れて王は自らの肉を鷹に与え、鷹も鳩も救って自分自身は死んでしまった。この尸毘王こそが釈迦の前世の姿であった。

＊　捨身行をして自らの肉体を他者に施したという出来事を語る前生譚については他にもたくさんある。著名なものとして、仏に何も供養できなかったウサギが、自らの肉体をささげて供養したという話や、玉虫の厨子で名高い捨身飼虎、雪山童子の説話などがある。

他者の命を救うために自分の肉体を捧げるという、過激な捨身行を説くこの物語の中では、自分自身がその肉体を維持するためには、他者の命を奪い、他者の肉を食べざるを得ないという限界状況が示されている。鷹は鳩の肉を食べなければ生きられないし、鷹に食べられるのを恐れる鳩にしても、何かの生き物の命を奪って生き永らえていることには変わりはない。食べる側と食べられる側はたやすく反転し、「食」の悲しい連鎖は果てしなく続いていく。その連鎖を断ち切ろうとしたのが、まさに尸毘王の捨身行であった。

王は自分の肉を差し出して「食べさせる」ことによって、「食べる」「食べられる」の連鎖それ自体の意味を組み替える。それは「食べる」「食べられる」ではなく、「食べさせる」「食べさせてもらう」

という世界である。その世界においても、食べる生き物がいて、食べられる生き物がいる現実それ自体には変わりはない。しかし、それが「食べられる」ではなく、「食べさせる」になることによって、世界の意味がまったく変わってしまう。「食べられる」を「食べさせる」と捉え返すことによって、そこには、大乗仏教の教えの中核である「利他」が浮かび上がってくる。

尸毘王の捨身行は、鳩や鷹を救うための単なる自己犠牲などではない。鷹に自分の肉を与え、一時的に鷹の飢えを満たせたとしても、鷹は生きている限り肉を食べ続けなければならないし、尸毘王の身代わりによって一時的に命を救われたとしても、鳩は強い獣に襲われて食べられることを恐れ続けなければならない。王の自己犠牲が、そのような「食べる」「食べられる」世界を前提としている限り、その自己犠牲がいかなるものであろうとも、その前提そのものには届かない。その意味でほんの一時しのぎでしかないのである。

しかし、尸毘王の捨身行の本当の意味はそこにはない。王は、「食べられる」を「食べさせる」へ、「食べる」を「食べさせてもらう」へと転換することで、生の構図そのものを変更した。それは自我中心の世界から、限りなく続く自他一如のつながり合い、はたらき合いのネットワークへと自己を超出させていく試みであったと言えよう。「食」をめぐる仏教の思索は、大乗仏教に至って、さらに深まったと言えよう。*

＊なお大乗仏教における「食べる」「食べられる」の問題を突き詰めた思想家に日本近代の詩人・仏教者である宮澤賢治がいる。賢治の童話「よだかの星」の主人公のよだかは、自身鷹に殺される危機に身を置き

つつも自分も甲虫を呑み込んでしまい、悲しみ嘆きつつ「食べる」「食べられる」から成り立つこの世を離脱しようと試みる。また「手紙1」では、竜は猟師に無抵抗のまま皮を剝がれて、その肉を虫に食べさせる。よだかは星になり、また、竜が釈迦に、その肉を食べた虫も釈迦の弟子になって「まことの道」に入る、と童話は語る。よだかも、竜も、虫までもがここではその根本的なありようを、「食べる」「食べられる」から「食べさせる」「食べさせてもらう」へと転換していると言えよう。

さて、この項を結ぶにあたって、仏教の「食」に対する思想を利他の観点から突き詰めた大乗仏教の「食肉禁止」の思想の意義について、人類史的観点からも考えておこう。食肉とは、人類のごく初期からあった古い食生活であった。森から草原に降り立った人類は、木の実等を採集する植物性栄養中心のそれまでの生活から肉を食べることを覚えた。最初は屍肉や野生肉食獣の食べ残しを食べていたと推定されるが、そのうちに人類は狩猟を開始した。

野生動物を共同で捕らえることによって人間は、言語を発達させ、集団性、共同性を育んだ。さらに、道具や武器制作の技術を磨き、対動物、また狩場を争う他グループに対する戦略を工夫して知性を発達させた。動物の肉に含まれる豊富な栄養素は人類の体格を強化し、脳容量を増加させ、捕食した動物を共同体の成員が共食することによって社会的紐帯は強化された。このように人類は食肉を通じて進化し、その意味で食肉は人間のあり方と深く結びついていると言えるだろう。

しかし、大乗仏教をはじめとするインド古来の「食肉禁止」の思想は、弱肉強食という野生の掟の拒否であり、戦って自分の欲するものを獲得するという生き方の転換をめざす。それは、自我を世界の中心に立てて、その自我を強化するために他を排除したり従わせたりして、争い続ける生き方から離脱することであり、また自他がはたらき合い、結びつき合う「連続性」を志向することであった。食肉を通じて知性を発達させた人類は、その知性の極みにおいて、ついに食肉拒否を主張するまでに至った。その到達点の一つが大乗仏教における「食肉禁止」思想なのである。

自己保存の営為を通じて発達した知性は、自己の背後に広がる世界と人間一般の普遍的意味を問いかけ、ついに端的で単純な自己保存を超えて、世界や他のさまざまな存在者との連続性のうちにある自己を発見した。全世界全時空とともにある自己こそが、「保存」するに足る真なる自己であると考えるに至ったと言えるだろう。

中国仏教における「食」

中国に、シルクロードをはじめとするさまざまなルートで仏教が伝わったのは紀元前後であったと言われている。仏教の「空」を、老荘思想の「無」で置き換えて理解した格義《かくぎ》仏教の例からも明らかなように、当初、仏教は中国の伝統思想を基盤として受け入れられた。特に、当時、中国では山林修行によって不老長寿の仙人になることをめざす神仙思想が流行しており、仏教もこの文脈の中で受容された。つまり仏教とは、修行をすることによって常人を超越したさまざまな能力を獲得することをめざす教えだと受け取られたのである。その後、魏晋《ぎしん》南北朝時代に本格的な受容がはじまり、鳩《く》摩羅什《まらじゅう》（三四四―四一三年、または三五〇―四〇九年）などの訳経事業を経て、隋唐時代に、中国仏教はその最盛期を迎えるのである。

さて、「食」に関連して中国仏教の顕著な第一の特徴は、僧侶の食肉の禁止が普及し、僧院における精進料理が発達したことである。* 中国では、古代より宗廟における祖先祭祀の際に犠牲として牛・羊・豚を用いたり、「善」「美」「義」など徳目や価値を表す漢字それ自体の中に「羊」の字が使われたりしていることからもわかるように、もともと家畜の肉が尊ばれてきた。しかし、中国に伝えられた大乗仏教は「食肉禁止」を強く主張した。それを受けて、たとえば中国の歴代皇帝の中でも一、二を争う敬虔な仏教信者であり、自ら「皇帝菩薩」を名乗った梁《りょう》の武帝は、五一一年に「断酒肉文」（『広弘明集』第二六巻「慈済篇」所収、大正五二、二九四b）を著わし、僧尼に対して酒肉を絶つことを要請した。前述のように、食肉の禁止それ自体は、仏教の慈悲や不殺生の精神に基づき、『入楞伽経』や『涅槃経』など、インドの大乗仏教においてすでに唱えられていたが、インドでは、乞食行《こつじきぎょう》が僧侶の生活形態として定着しており、そうなると供養されたものは、肉であれ、魚であれ、食べることを許容せざるを得ない。それに対して、中国社会においては、僧侶が日常の糧を日々の托鉢《たくはつ》によって得るという生活形態は一般化しなかった。中国においては、仏教が伝来した早い段階から国家による保護（と統制）が仏教に対して加えられ、日々の生活も国家によって支えられていたおかげで、基本的には托鉢行などの必要がなかったのである。そこでは、食肉禁止の規定は、托鉢をする場合よりもはるかに遵守しやすいものとなる。

＊ 中国仏教では肉や魚と並んで、臭く精が強いので修行の妨げとなる野菜とされた葱《ねぎ》・大蒜《にんにく》・韮《にら》・らっき

ょう・浅葱《あさつき》（または玉ねぎ）を五葷《ごくん》（五辛）と呼び、摂取を禁じた。日本でもその影響を受け、現在でも禅寺の山門には「不許葷酒（肉）入山門」（葷酒〔肉〕山門に入るを許さず）という石柱が立っている（ただし、僧侶の堕落を揶揄して、「許さざれども葷酒山門に入る」などと訓《よ》み下された）。なお、大乗戒として『瑜伽師地論《ゆがしじろん》』と並び称された中国撰述経典である『梵網経《ぼんもうきょう》』は、十重四十八軽戒を説く。十重戒の中に不酤酒戒《ふこしゅかい》（自分も酒を売らないし、人にも売らせない）、四十八軽戒の中に、不飲酒戒（自分も酒を飲まないし、人にも飲ませない）、不食肉戒（肉を食べない）、不食五辛戒（大蒜や韮などを食べない）などがある。なお、中国仏教における食肉禁止の詳細は、前掲、道端良秀「中国仏教と肉食禁止の問題」参照。

また、前述のように、仏教が伝来した当時流行しており、仏教にも大きな影響を与えた神仙思想では、肉や魚ばかりか米、麦、豆、粟、黍《きび》などの穀物までも断って（辟穀《へきこく》）、霊芝《れいし》などのキノコや松の実をはじめとする木の実だけを食べ、不老長生の仙人をめざす修行が行われていた。このように、当時の中国で断肉が修行として広く定着していたことが、仏教における食肉禁止を後押ししたことは想像に難くない。

以上のようないくつかの要因が重なって、中国では僧侶の食肉禁止が普及するに至った。もちろん、中国には、三種浄肉であれば布施された肉を食べることを容認する律典も入り翻訳されたりもしたが、それらの食肉容認の教えは、方便権教《ほうべんごんぎょう》（衆生を導くための仮の教え）として最終的には『涅槃経』の「食肉禁止」の立場にとって代わられるべきものと解釈されたのである。

第二の特徴は、出家修行者が生産活動に携わるようになり、農作による食糧生産や調理を行うようになったことである。これは特に、人里離れた深山で、二百人、三百人規模で集団的な修行をした禅宗の場合に顕著であった。[*1] 南北朝期から隋唐期までを頂点として、さまざまな宗派に分かれて大きく発展した中国仏教の中で、唯一、三武一宗の法難を生き延びた禅宗は、諸宗派の中でももっとも中国的なものであると言われている。禅宗においては、調理、掃除、農作業をはじめ、すべての日常生活における実践が仏道修行であるとされた。[*2] それらの実践は「作務《さむ》」と呼ばれ、坐禅瞑想と同じだけの重みをもっていた。百丈懐海《ひゃくじょうえかい》（七四九—八一四年）という禅僧は、禅宗独自の生活規範である「百丈清規《しんぎ》」を制定したと伝えられており、高齢になるまで毎日、修行としての作務に励んでいた。百丈の高齢を心配して弟子たちが鍬や鎌などを隠してしまい、畑仕事の作務をさせなかったところ、「一日作《な》さざれば一日食らわず」と言って食事を拒んだという逸話が伝えられている。それだけの重みが、日常の作務にはあったのである。さらに、日常の実践すべてが仏行とされたことから、それらの実践全般にわたって、その作法や心構えが厳しく説かれた。特に食事の際の作法については細かな規定が行われ、「清規」にまとめられた（禅における「食」に関しては、次節で道元を取り上げて検討する）。

＊1　ただし、当初は自給自足を修行の一環として行っていた禅宗においても、時代が下るにつれて寄進に頼る割合が増えていった。
＊2　禅宗は日常茶飯を尊んだがゆえに、趙州《じょうしゅう》の「喫茶去《きっさこ》」や同じく趙州の「大蘿蔔頭《だいらふとう》」をはじめ数多くの食に関する公案が残されている。

3 日本仏教における「食」

食肉忌避と仏教

仏教が日本に公伝したのは、『日本書紀』によれば五五二年、『上宮聖徳法王帝説』や『元興寺縁起』によれば五三八年、どちらしても欽明《きんめい》天皇の治世下であったと言われる。伝来の最初期こそ氏族仏教であったものの、日本仏教は中国仏教、朝鮮仏教にならって鎮護国家仏教の色彩が濃く、国家の保護統制下におかれていた。「食」に関連していえば、インド仏教以来の仏教の伝統である乞食行にしても、決して自由に行うことはできず、たとえば「僧尼令」第五条「非寺院条」によれば、乞食行を実践したい者がいたら、三綱《さんごう》（僧正《そうじょう》・僧都《そうず》・律師《りっし》）は連署し、既定の役所に報告して許可を得なければいけなかった。*つまり、僧侶は自発的に乞食行を行うことはできず、官許を必要としたということである。もちろん、日本古代においては、九世紀はじめに成立した『日本霊異記《りょういき》』（正式名称は『日本国現報善悪霊異記』）の諸話にもみられるように、国家の認可を経ずに出家した私度僧《しどそう》が民間で盛んに活動し乞食行もしていたが、しかし、国家の立場からすれば、いかに仏教の伝統的な「食」を得る作法であろうと、それは違法な活動ということになったのである。

＊「僧尼令」は、六八一年の天武天皇の詔を受けて天武天皇崩御後の六八九年に制定された飛鳥浄御原令にあったかどうかは不明であるが、刑部親王・藤原不比等らによる「大宝律令」（七〇一年）、それを改修した「養老律令」（七五七年）にはあったと言われている。ただし、両者ともに散逸してしまっているが、『令義解』『令集解』などの注釈書に「養老律令」のほぼ全文が収録されており、そこから「僧尼令」も復元できる。「僧尼令」は基本的に僧尼を鎮護国家のための儀礼執行者とみなしており、山林修行や民間布教は禁止してはいないものの官許を必須としていた。なお、「僧尼令」本文については、『律令』（日本思想大系、岩波書店、一九七六年）参照。また、日本古代の乞食行については小林崇仁「日本古代における山林修行の資糧（二）――乞食・蔬食」（『紀要』三、蓮花寺佛教研究所、二〇一〇年）を参照。

さて、仏教の日本の「食」に与えた影響ということで大いに注目されるのは、六七五（天武天皇四）年の天武天皇による食肉禁止令である。近代以前の日本の食の特徴としては、一般に、米中心であることと、全体として食肉が忌避されたことがあげられる。米は神聖な食べ物とされ、日本社会の統合の中核に位置する天皇によって年間を通して儀礼が行われ、その豊饒が祈願された。また、米は、主食として食生活の基礎であると同時に、古代律令制において国民に口分田《くぶんでん》が与えられ、田租が課せられて以降、社会経済の中心となった。江戸時代、大名の格付けを「米」の量、「石《こく》」で表したことに顕著なように、米は社会的生産力の指標とされ、貨幣としても流通した。このように治世の基礎とされ、神聖視された「米」と対照的なのは「肉」である。米と肉とは、日本においては単なる併存する二種類の食物ではなくて、価値的な上下関係があり、さらにそれにかかわる社会階層にその価値的関係が反映された。水田を中心に広がる村落共同体に定住し国の基礎となる稲作を行う農耕民に対して、山に入って狩猟を行って獣肉を得る人々、すなわち狩猟民、非農耕民は周縁的存在として位置づけられた。そして農耕民にとって狩猟民は、しばしば差別の対象ともなった。[*] このような社会的広がりをもつ日本の食の二極構造形成のもっとも重要な成因の一つが、大乗仏教に基づく国家による食肉忌避なのである。国家と結びつくかたちで導入され根づいていった日本仏教は、日本の社会構造の形成にも大きな影響を与えたと言えよう。

＊日本の伝統社会において歴史的に形成された、米＝聖と肉＝穢の二極構造の詳細は原田信男『歴史のなかの米と肉――食物と天皇・差別』（平凡社選書、一九九三年。のち平凡社ライブラリー所収）、同『木の実とハンバーガー――日本食生活史の試み』（NHKブックス、一九九三年。のち『日本人は何を食べてきたか』と改題して角川ソフィア文庫所収）を参照。

さて、天武天皇による食肉禁止令については、大乗仏教の食肉禁止の教えに沿ったものであり、中国仏教の影響を受けたものと考えられている。もちろん、以下で述べるように、全面的禁止ではないにしても、それがこれ以降も続く、国家による食肉忌避の端緒と解釈することは可能だろう。[*1] 古代中央集権国家の確立に大きな役割を果たした天武天皇は、鎮護国家仏教をその精神的基盤とすべく、大乗仏教の戒律の根幹にある不殺生の教えを国家として推進した。そして、この教えを自らの統治する国家に対して徹底させることで、自己が慈悲の精神の体現者であることを天下に示した。仏教に基づいて、統治者としての自己正当化を図ったものと言えよう。天武天皇は、一方では在地首長が伝統的に維持していた米の祭祀権を吸収し、神話や儀礼の創出を通じてその国家的祭祀権を確立すると同時に、鎮護国家仏教として国家の後ろ盾となった仏教の教えに基づいて食肉を制限した。この時期以降、盛んに放生《ほうじょう》（捕らわれた鳥獣魚類を野や池に放つこと）が勧められたり、酷漁・酷猟規制や殺生禁断令が出されたりするのは、国家の側のこのような意図の現れであると考えることができる。[*2] このように古代にはじまった食肉忌避は、一八七一（明治四）年に宮中で食肉禁止が解除され、天皇の食卓に牛肉や羊肉を用いた西洋料理が供されるようになるまで続いた（その翌年には「今より僧侶の肉食・妻帯・蓄髪は勝手たるべき事」という太政官布告が出された）。もちろん、その陰では、狩猟による野生の獣肉食なども薬食いと称して広く行われ続けたが、それは望ましくないもの、恥ずべきものと考えられてきた。[*3] このように、肉を忌避し、米を神聖視する日本人特有の感性の形成に、仏教は大きな影響を与えたと言えるのである。[*4]

＊1　国家による食肉禁止として、たとえば天武天皇の皇后であった持統天皇による酒肉禁止の勅令があげられる。『日本書紀』の六八七（持統天皇五）年六月条には、季節外れの長雨による農耕への悪影響を恐れた天皇が、この災いは自分の政治の過失ではないかと恐れ、公卿百官に酒肉を禁止し、心を修め、過ちを悔い、京や畿内の諸寺には経典を誦経するように勅し、またその後、大赦も行ったとある。つまり、天変地異を為政者の過ちに対する天の譴責と捉え、その過ちに対する反省・償いの意味で、仏教の不殺生戒や不飲酒戒を徹底させ、さらに慈悲行として大赦を行い、諸寺での読経を命じたというのである。為政者への天の譴責というのは儒教的観念に基づくものであるが、それに対するに仏教的精神の徹底が図られてい

ると言えよう。ここからは、当時の仏教が儒教とともに為政の精神的基盤をなしていたことがみて取れる。これ以降も、元正天皇、孝謙天皇、聖武天皇らによって、殺生禁断令がたびたび出されたことが『続日本紀』にみえる。なお、日本における食肉忌避を考える上では、仏教のみならず神道的な浄穢《じょうえ》観念についても考慮すべきであるが、ここでは仏教を中心に論述するという観点からこの問題については別稿で扱うことにする。

*2　放生については、『日本書紀』に、食肉禁止の勅の翌年である六七六（天武天皇五）年の八月十七日条に「諸国に詔して、放生せしむ」とあるのが初見である。その後も、六八九（持統天皇三）年の八月十六日条によれば、摂津国の武庫海《むこのうみ》（兵庫県）の一千歩（約千坪）の内海、紀伊国の阿提郡《あてのこおり》の那耆野《なきの》（和歌山県）の二万代（四十町歩）、伊賀国の伊賀郡の身野《みの》の二万代で漁撈を禁止して禁漁区とし、六九一（持統天皇五）年十月十三日には、放生のために畿内と諸国に長生地（殺生禁断の所）を設けた。さらに『続日本紀』によれば、六八九（文武天皇元）年には、諸国で毎年放生を行うことになった。このような放生は仏教の慈悲の精神、不殺生戒に基づいており、とりわけ放生会は、中国天台宗を確立した天台智顗《てんだいちぎ》が、護国三部経の一つである『金光明最勝王経』の、流水長者が涸れた池で瀕死の状態にあった魚を救ったという流水長者譚に基づいてはじめたもので、唐時代盛んに行われていた。それが、日本にも伝わってこの後、盛んに行われるようになったものである。なお、日本の放生会に関する代表的文献については西村玲「不殺生と放生会」（『東洋大学「エコ・フィロソフィ」研究』第六巻、二〇一二年）の注一四にあげられている。

*3　たとえば、鹿肉を食べる諏訪神社上社の神事の際には、鹿食免《かじきめん》という獣肉を食べても穢れないという護符が参拝者に配布されたという。江戸時代にはももんじ（ももんじい）屋などで鹿や猪の肉が売られていたが、食肉を忌避する風潮をはばかって「薬喰い《くすりぐい》」と称し、また鹿肉を「もみじ」、猪肉を「ぼたん」な

どと呼んだ。

＊4　たとえば伝統的に本土の神道や仏教の影響力の小さかった沖縄においては、本土におけるような、米と肉との二項対立構造の伝統はみられず、また、食肉の忌避もみられない。古くは祭祀の際に供犠の牛を共食する風習があり、江戸時代以降、豚肉食が広まったと言われている。

ともあれ、まず、天武天皇による詔《みことのり》の本文をみておこう。

今より以後、諸《もろもろ》の漁猟者《すなどりかりするひと》を制《いさ》めて、檻穽《おりししあな》を造ること、及機槍《またふみはなち》等の類を施《お》くこと莫《なか》れ。亦《また》、四月の朔《つきたち》より以後、九月三十日より以前に、比満沙伎理《ひまさきり》・梁《やな》を置くこと莫れ。且《また》、牛・馬・犬・猿・鶏の宍《しし》を食ふこと莫れ。以外は禁例に在らず。若し犯す者有らば罪せむ。

（『日本書紀』天武天皇四年四月十七条）

（今後は、もろもろの漁師や猟師は、落とし穴や自動式の槍を設置してはならない。また四月一日から九月三十日までの期間は、隙間の無いくらい目の詰まった簗を川に仕掛けてはいけない。さらに、牛・馬・犬・猿・鶏の肉を食べてはいけない。これ以外の行為は禁止しない。もし禁制に背く者があれば罪科に処す。）

ここでは、まず罠猟が禁じられており、これは、仏教の不殺生戒の精神により酷猟（残酷な猟）が禁じられたものと考えられる。また、簗漁と、牛・馬・犬・鶏・猿の食肉が四月一日から九月末日まで禁じられている。簗漁禁止は、魚を根こそぎ獲る簗漁も酷漁と考えられたからであろう。そして、牛・馬・犬・鶏・猿の五畜については、牛は耕作用に、馬は運搬用に、犬は番犬用に、鶏は時を告げさせるために飼われ、また猿は二足歩行するその形状から人間により近いものと考えられていたことから、人間の生活圏内の家畜・家禽や人間に近い猿など、身近な動物の殺生・食肉が禁じられたものと解されている。

このような時期を限っての不殺生・食肉禁止は、すでに朝鮮三国にも先例がみられる。食肉禁止自体は、『涅槃経《ねはんぎょう》』『楞伽経《りょうがきょう》』などの仏教経典に説かれる食肉禁止の教えが直接に影響を与えたものと思われるが、この天武天皇による食肉禁止の詔では、五畜の殺生禁断は、四月から九月までの農耕期間に限定されている点と、五畜に限られている点が注目される。なぜ農耕期間に限り五畜の殺生禁断が行われたのかについては、その期間に民間で行われる豊饒祈願のための動物犠牲を伴う祭祀を規制した（原田信夫説）、その年に行われた国家的仏事の準備期間であった（苅米一志説）、鳥獣の繁殖期を避けたという説等がある。また、このような五畜の食肉禁止それ自体が、食肉をしていた渡来人を牽制したものという説もある*（宮崎昭説）。

さらに、この時に食肉禁止の対象となった動物は五畜に限られており、先史時代以来、日本列島における主な狩猟対象であり、稲作開始後も貴重な栄養源となっていた鹿や猪については禁止されてはいないことも注目される。つまり家畜の食肉は禁止されたが、野生の鳥獣については食肉が禁止されていないということになる。生活圏内における食肉、動物の殺生は禁止されたのであるが、その外部にいる野生の鳥獣については禁止されていないのである。

古代以来、天皇の部民《べみん》として「宍人部《ししひとべ》」がおり、神事に使う食肉の準備にかかわっていたことが知られている。たとえば『雄略紀』には、雄略天皇の時代に、天皇が狩猟で得た獲物を調理するために膳臣《かしわでのおみ》長野を「宍人部」に任じた記事がみえる。また、古代の祭祀においては、神饌《しんせん》（神への捧げもの）に、米や酒と並んで野生の鳥獣が用いられることもあった（たとえば現在でも、諏訪大社御頭《おんとう》祭《さい》には、鹿肉を神饌として捧げることが知られている）。これらのことから、仏教渡来以前の古代日本においては、獣肉食が行われていたことがわかる。（さらに遡れば、縄文・弥生時代の遺跡から、食用に供したと推定される動物の骨が多数出土している。）

しかし、大乗仏教の不殺生戒や慈悲の精神に基づく食肉の禁止が日本にも導入され、最初は五畜に限られ期間も限定されていたが、それが仏教の浸透とともに次第に広がり、食肉や狩猟・漁撈を罪業とみなす考えを普及させた。食肉忌避の考え方が民間においても、速やかに広がっていった様子は、日本最初の説話集である『日本霊異記』にもみてとることができる。中巻第十は、いつも鳥の卵を探して食べていた男が麦畑で地獄の火に焼かれて悪死する話であるし、上巻第十一でも、僧の陀羅尼《だらに》によって救われたものの、子供の頃から魚を獲り続けていた漁師にも炎が迫ってくる。これらの話では食用の魚を獲ったり卵を食べたりすることが悪因となり堕地獄という悪（苦）果がもたらされることが語られている。『日本霊異記』は、私度僧たちが民間布教の際に語る説話を、彼らを統括していた薬師寺の僧景戒《きょうかい》が編纂したものとされている。このような説話は、国家による禁令とあいまって食肉忌避の教えを民衆に広く普及させたものと考えられる。そして、このように広がっていった殺生禁断、食肉忌避の教えは、その後、時代を通じて、日本人の生活文化と思想に決定的な役割を与えることになる。平安時代には、死や血を「黒不浄」「赤不浄」として忌む神道の浄穢観念もあいまって食肉が忌避され、公家社会の共通認識となった。白河法皇によるたびたびの殺生禁止令の発布がそれを物語っている。他方、軍事訓練のために巻狩りを行い、また死んだ動物の皮を剝いで加工製造した武具を使用していた武士たちは、本来日常的に食肉をしていた。しかし、政権を担い、公家社会に接近するにつれて、食肉忌避、殺生禁断の考えが武士社会にも広がっていった、たとえば一二〇三（建仁三）年、北条政子の命により鎌倉幕府が諸国に狩猟禁止令を発布したことがそれを端的に示している。中世を通じて、この考え方は社会の各層に深く浸透し、生業として殺生をせざるを得ない民衆の救いとして、法然、親鸞などの悪人成仏の教えが広まることともなった。江戸時代になると、石高制の「米」中心社会の下で、食肉忌避がさらに強化された。徳川綱吉の「生類憐れみ」の諸政策も、単に綱吉の個人的嗜好によるものではなくて、古代以来の日本の食肉忌避の伝統を背景にするものと考えるべきなのである。このような時代を通じての食肉忌避は、基本的には明治の文明開化期まで続き、日本の独自の「食」の文化と思想を形作ったのである。

＊　日本における食肉に関する諸問題に関しては、前掲、原田信男『歴史のなかの米と肉——食物と天皇・差別』、苅米一志『殺生と往生の間——中世仏教と民衆生活』（吉川弘文館、二〇一五年）、中村生雄『日本人の宗教と動物観——殺生と肉食』（吉川弘文館、二〇一〇年）、『日本人と食肉——食文化と健康への貢献』（日本食肉消費総合センター、一九九九年、宮崎昭インタビュー「タブーとなった「肉食」と「薬喰い」との関係」所収）参照。特に原田信男、前掲書は、日本の食物史を、天皇を中心とする米と、差別対象である非農業民の肉との対立の歴史として捉え、米が社会の基礎、価値の源泉として偏重される一方、肉は貴

重な栄養源として摂取されつつも穢れとして周縁に追いやられ、肉を扱う人々が差別されたことを種々の資料を使って実証的に浮かび上がらせ、日本の「食」研究に画期をなした。

道元の「食」の思想

以上、前項では、日本の「食」の特徴とされる食肉忌避と仏教との関係を考えた。日本仏教と「食」の問題を考えるにあたって、次に焦点をあてて考えてみたいのは道元（一二〇〇―五三年）である。道元が中国で学んだ禅宗は、大乗仏教の「縁起‐無自性《むじしょう》‐空」に基づく「無執着」の教えを極北にまで推し進め、ついには経典すらも「反故紙《ほごし》」として否定した、いわば大乗仏教の究極の教えとも言える。日本の仏教は、鎮護国家仏教や顕密仏教などにみられるように、世俗的秩序の創出や維持強化に資する反面、仏教の原点を求め、釈迦の教えの真髄に迫ることによって俗世を相対化し、そこから超出する方向性をも示す。ここでは、まさに後者の典型とも言える道元の「食」の思想を検討してみよう。

さて、日本曹洞宗の開祖である道元は、禅宗の本場である中国に留学し、そこで禅院生活を経験し、日本に帰国後、自ら禅宗の教団を、京都深草に（興聖寺《こうしょうじ》）、後には越前志比庄《しいのしょう》に（永平寺）、設立した。その際に中国での禅院生活を模範にし、教団の規範として『永平清規《えいへいしんぎ》』を著し、それに則って教団を運営した。その清規に含まれる『典座教訓《てんぞきょうくん》』と『赴粥飯法《ふしゅくはんぽう》』は、どちらも禅院生活における「食」の意味を明らかにしている。ここで述べられている食の作法や精神は、禅宗教団のみならず、日本文化に大きな影響を与えた。まず、この二つの著作を手がかりとして、道元の「食」の思想を考えてみよう。

まず『典座教訓』であるが、これは、禅院における台所係であり、食事の調理・管理・出納を司る「典座」に対して、その仕事の内容を、食器の置き方や食材の選び方、調理法をはじめ事細かに指示すると同時に、典座の心構えと典座職の意義を明らかにしている。まず、この書の冒頭において道元は、「仏家もとより六知事あり。ともに仏子たりて、ともに仏事をなす。なかんずく典座の一職は、これ諸僧の弁食をつかさどる。……古えより道心の師僧、発心の高士充てられきたりし職なり」（道元全集下巻、二九五頁*）と言い、禅院の管理職である六知事の中でも典座が重要な職であり、古来、僧侶たちの中でも勝れたものを選んでこの職にあててきたことを明らかにする。つまり、典座とは単なる雑役夫ではなくて、調理や配食、献立や食材の管理等を、仏道修行の一環として細心の注意を払って行うべきであるとする。それまで日本の禅院においては雑役としてしかみなされていなかった台所仕事の意義を道元が自覚するようになったのは、留学中の次のような二つの出来事がきっかけである。

ある酷暑の日、中国の天山の禅院に身をよせて修行中の道元は、老いた典座が一心不乱に海藻（椎茸とも）を干しているのをみた。曲がった背中でたちはたらく老典座に対して道元は、どうして下働きの者にさせないのかと聞いたところ、「かれはこれ我にあらず」（他の人がやった仕事は私がやった仕事ではない。私こそがやるのだ——道元全集下巻、二九八頁）と答えた。そこで道元が重ねてこんな酷暑の中でなぜはたらいているのかと訪ねた所、「更にいずれの時をかまたん」（今やらなければいつするのだ）と答えた。

また、それより以前、道元の乗った船が寧波《にんぽう》の港に停泊していたとき、阿育王山《あいくおうざん》の禅院から日本産の干した桑の実（一説には干し椎茸）を買いにやってきた、これも年老いた典座がいた。その老典座と話した道元は食事を供養したいと申し出るが、老典座はすぐに戻らなければならないと断る。道元は、あなたは年老いているのになぜ坐禅をしたり、公案を学んだりしないで、台所仕事などしているのかと尋ねた所、老典座は、あなたは修行ということも文字ということも分かっていないと返す。その後、天童山で修行中の道元を老典座がわざわざ訪ねてきて、二人は再び修行と文字について問答をする。道元が文字とは何かと老典座に尋ねると、老典座は「一、二、三、四、五」と答え、道元が修行とは何かと尋ねると「遍界不曾蔵《へんかいふすんぞう》」（全世界は何もかくしてはいない。真理は、修行している「今、ここ」に現成《げんじょう》している――道元全集下巻、二九九頁）と答えた。道元は自分がいささかたりとも修行や文字について現在理解しているのは、すべてこの老典座のお陰であると、後に老典座の恩を振り返っている。

これらのエピソードが語っているは、典座の仕事というのは、坐禅瞑想や公案参究に勝るとも劣らない大事な修行だ、と道元は理解していたということである。なぜそうなのかということを考える手がかりは、老典座の「一、二、三、四、五」と「遍界不曾蔵」という答えにある。「一、二、三、四、五」とは、最も単純な記号としての文字である。一般に人間は、文字が単なる記号であって、流動的な現実をある側面から固定させる手立てであり、仏教的な言葉を使っていえば、方便《ほうべん》であることを忘れ、何らかの固定的なものがあって、それに対して何らかの名をつけると考えている。つまり、そこでは言葉に先立つ固定的な実体が想定されてしまっているのである。これが仏教的にいえば執着のもととなる。それゆえに、言葉を単純な記号にまで還元して考える必要があり、さらに言葉そのものに対するこだわりを超えて、言葉によって指示されている当のものへと目を向ける必要がある。それでは、その当体《とうたい》はなにかというと、それは、「遍界不曾蔵」という言葉によって示されている。つまりこれは、全世界（遍界）は何も隠していない（不曾蔵）、すなわち自分がいる「今、ここ」にこそ、真理が現れている、「今、ここ」を離れた真理などなにもない、ということであり、そのような理解が、「今、ここ」で自分のなすべきこと（この場合は、典座として諸僧の修行を促進するためにする台所仕事）を行うという実践観に結びついてくるのである。

＊　大久保道舟編『道元禅師全集』下巻、薩摩書房、一九七〇年、二九五頁を表す。以下同じ。ただし、引用の際、漢文は訓み下し、仮名遣い、句読点その他の表記を適宜改変した。

次に、『赴粥飯法』についてみてみよう。『典座教訓』が作り手への教訓であったのに対して、『赴粥飯法』は、それを受ける側、つまり住職をはじめとする諸僧の食事の仕方や心構えを説いている著作である。そこでは、食事をする部屋への入り方からはじまって、食器の並べ方、食べ物の受け方、食前の瞑想の仕方、食べ方、箸や匙の使い方、食器の洗い方、しまい方、食後の瞑想、食事をする部屋の出方まで事細かに指示されている。＊

＊食事の作法や態度については、驚くほど事細かに規定されている。たとえば、受食の法としては次のように言われている。「恭敬して受く。仏言わく。「恭敬して食を受くべし」と。応当《まさ》に学ぶべし。若し食の未だ至らざるに、予め其の鉢を申《の》べて乞い索むること莫《なか》れ。両手もて鉢を捧げ、手を低くして鉢を捧げて鉢単を離れて、手の盔《ほう》盂を平正にして受く」（道元全集下巻、三五二頁）他にも、食事中、話は一切しない、背筋を伸ばし、坐禅を組んでいただく、他人の食器を覗かない、食器は両手で持つ、音を立てずに食べるなど、五十項目以上にわたって食事の作法、態度が規定されている。これらは、武家の食事作法に取り入れられ、また茶の湯の作法（茶事懐石）にも影響を与えた。

ここで注目したいのが、食前の瞑想である。そのときは次の五つについて瞑想することになっている。

一つには功の多少を計り、かの来所《らいしょ》を量る。

（目前の食ができるまでどれだけ多くの手数がかかっているか、どのような経路をたどって食が自分のところにきたのかを考える。）

二つには己《おのれ》が徳行《とくぎょう》の全欠《ぜんけつ》を忖《はか》って供《く》に応《おう》ず。

（自分がこの食の供養にふさわしい者であるかどうかを考える。）

三つには心を防ぎ過《とが》を離るることは、貪等《とんとう》を宗《しゅう》とす。

（迷いの心や過ちから離れるためには貪《むさぼ》りをなくすことが肝要であり、食事にあたっても貪りを起こさないようにする。）

四つには正に良薬を事とするは、形枯《ぎょうこ》を療《りょう》ぜんが為なり。

（食事は薬のようなもので、体の衰えを治療するものだということを自覚して、食を貪らない。）

五つには成道《じょうどう》のための故に、今この食《じき》を受く。

（仏道を成就するためにこの食事を受け取るということを自覚する）

（道元全集下巻、三五三頁）

この五つの瞑想は、仏教における「食」が、修行する身心を維持するためのものであり、決して貪ってはならないことを物語るとともに、この食事が自分の前にくるまでには多くの人の手がかかっており、その重さを味わい、自分がその重さにふさわしいはたらきをすべきことを常に自覚しなければならない、と示している。これらは、まさに、大乗仏教の実践思想、縁起思想の具現化されたものと言えよう。

以上、本章における検討を通じて、まず第一に、仏教における「食」は、「さとり」をめざして修行する心身の健康を維持するためのものであり、「食」へのこだわりは、飽食にしても断食にしても忌避されたことを明らかにした。「食」ということでは、不殺生戒との関係で、特に出家者の食肉が問題となったが、初期仏教においては、望ましいものではないにせよ、乞食行で布施された場合には「三種浄肉」などの条件を満たせば容認された。しかし、「縁起‐無自性‐空」思想の発達によって自他一如の関係性を重んじる大乗仏教においては、他の命を奪う食肉がより深刻なかたちで問題化される。それに対する一つの実際的な解決方法は断肉であるが、釈迦の前世譚（ジャータカ）においては一歩進んで、「食べる」「食べられる」の弱肉強食の自他対立の世界を「食べさせる」「食べてさせてもらう」の自他一如の世界へ転換するという深化が見られた。

他方、日本では、インド仏教から中国仏教へという流れの中で発達した「食」の思想が受容され、食文化の形成を含め広範な影響を与えた。中央集権的律令国家形成期に注目された断肉思想は、米／肉の二項対立を大きな特徴とする日本独自の食文化の発展を促す重要な契機の一つとなった。また、中国禅宗の伝統を受け継ぐとともに大乗仏教思想の精髄を体現したとも言える道元にとっても「食」は重要なテーマとなった。道元は、調理や食事そのものを修行として重視し、日常性を強調した馬祖道一や作務を修行とした百丈懐海ら中国禅の祖師の系譜を正当に継承した。さらに、道元は、修行のために心身を養うという「食」の捉え方において釈迦の原点に直結するとともに、自己の眼前の食事が、世界のさまざまな存在者のネットワークの中で「今、ここ」で与えられたとする捉え方において、大乗仏教の「縁起‐無自性‐空」の教えを「食」においても貫徹させたのである。

第二章

武士の思想と仏教

日本人の心性を形作り、日本文化を現在でも特徴づける代表的な伝統思想の一つに、武士の思想がある。* 武士のエートスをめぐる問題系は、いわば日本独自の実践哲学として歴史的に発達し、武士が制度的には存在しなくなった時代においても、看過できない影響を与え続けている。また、日本思想史研究においては、いわゆる「個の自立」「主体性の確立」「公に抗する私性の主張」という文脈の中で、武士の思想のもつ可能性が追求されてきた。日本人の生き方の理想像として、武士的なそれは——そのこと自体に対する評価はさまざまであるにしても——今もなお日本人の中に脈々と息づいていると言えよう。

武士の思想を考えるための観点にはさまざまなものがあり得ようが、本章においては、武士の思想について共時的な特徴を示す一側面を、「私」と「無私」の観点から指摘し、さらにその上で、武士の思想と並んで日本人の精神世界を形作った仏教との関係を検討する。これらを通じて、武士の精神世界について、その一端なりとも解明することを試みる。

* 現在、われわれが「武士の思想」として一般的にイメージするところの武士道は、平安時代以来の伝統的蓄積を踏まえ、江戸期に整備されたものである。さらに明治期には、武士道が、国民国家形成のためのエートスとして宣揚された。これを明治武士道という。武士階級の消滅により、かえって武士の道徳が全

国民の規範として採用されるに至ったと言える。特に、武士の道徳としての忠節、礼儀、武勇、信義、質素などは、明治十五（一八八二）年に下賜された「軍人勅諭」（その冒頭では、わが国の軍隊は元来天皇が統率すべきものであることを、武士の歴史を挙げつつ説明する）にも徳目として明記されており、武士道が、士農工商の最上位に位置する武士階級の特殊な道徳から、一君万民、国民皆兵を旨とする大日本帝国を支える国民道徳へと転じていったことがみてとれる（井上哲次郎「武士道総論」、佐伯有義編『武士道全書』第一巻、時代社、昭和十七（一九四二）年所収、参照）。なお、明治武士道としては、新渡戸稲造や内村鑑三らキリスト教徒によって、キリスト教受け入れの基盤となる日本固有の道徳的伝統と位置づけられた武士道もあるが、これらも武士階級特有の道徳思想ではなく、日本人の道徳性の根幹を支えるべきものという位置づけである点では、「軍人勅諭」にみられるような国家主義的な武士道と軌を一にするということができる。

1　武士とは何か――「私」と「無私」

まず、武士について簡単に確認しておくと、「武士」とはすでに『続日本紀』にもみられる言葉であり[*1]、漢字の「武」は会意文字で、「戈《ほこ》」と「止」（「歩」の略で、前進すること）からなっており、武器をもって前進すること、つまり戦闘やその技能を元来、意味するものであるという。[*2] また、武士とは、武者や侍[*3]などともほぼ同義であり、大和言葉では「もののふ」「つはもの」「ますらを」「いくさ」などとも呼ばれる。[*4] 戦闘を職能とする社会的集団として古くは、大和朝廷に仕えた物部氏、大伴氏、紀氏などの豪族が挙げられ、律令体制下には、太政官八省の一つとして兵部省《ひょうぶしょう》が存在し、軍事や武官の人事を司った。宮中の警備や行幸の警護にあたった近衛府《このえふ》の武官から出発した坂上田村麻呂が征夷大将軍に任命され、東北平定に成功し、死後に従二位を贈られ、王城鎮護の神として祀られたこともよく知られている。これらの武をもって「公」（朝廷・公権）に仕える武官については、後世の武士の広義の源流と考えて差し支えないのであるが、[*5] より直接的な源流として注目されるのが、九世紀末の坂東《ばんどう》の群盗蜂起を平定すべく派遣された、遡れば皇胤《こういん》の系譜にある都下りの下級貴族たちである（寛平延喜勲功者《かんぴょうえんぎくんこうしゃ》）。彼らは、押領使《おうりょうし》や追捕使《ついぶし》等に任じられ、国司のもとで治安維持活動、内乱鎮圧を行い、平時は国衙《こくが》守護、国司主催の狩猟への参加、国の一宮での流鏑馬《やぶさめ》などの武芸による軍事儀式への奉仕等を行った。この寛平延喜勲功者らは十分な恩賞を得られず、その不満が承平天慶《じょうへいてんぎょう》の乱というかたちで爆発したと考えられている。承平天慶の乱の反乱側も鎮圧側も、寛平延喜勲功者である。

承平天慶勲功者らとその子孫は「兵《つわもの》の家」として認知され（清和源氏や桓武平氏、秀郷流藤原氏など）、軍事貴族として武芸を磨き、北面の武士や検非違使《けびいし》に就任し、都の治安維持活動を行った。彼らは、武力・警察力を担うことを朝廷から官職というかたちで認められており、摂関家などの有力者に仕え、社会的立場を強化していった。彼らの中でもっとも活躍したものは四位《しい》を与えられ、受領として地方に赴任し、富を蓄えて所領をもち、地方豪族と主従関係をもつようになっていった。（ここでまず留意すべきは、武士の発生が在地領主層、つまり在地の農村にのみ求められるべきではなく、さらに遡って、比較的下位であるとはいえ、都の官人・貴族層にも求められるということである。このように武士の発生が皇胤の貴族に求められるという議論を敷衍して、日本倫理思想史的観点からその含意を展開してみるならば、武士を支える正統性は、最終的には、天皇（皇統・皇室）という、日本的「公共」性、持続性、文雅性によって保証されているとすることも可能であろう。つまり、武士については、もしその発生の当初に遡って考えるならば、妻子、一族郎党や囲い込まれた土地にシンボライズされるような単なる「私」性、即物性に、完全に還元され得る存在として本質規定することは困難であり、また、他者を強制的に排除することによって「私」性を固守する、むき出しの暴力としてのみ理解することも一面的に過ぎると言わざるを得ないだろう。

さて、十一世紀になり、荘園公領制が進展し、領地をめぐる紛争が絶えまなく起こるようになったことにともなって、軍事貴族は都から下って留任、土着した。彼らは、地方荘園や公領（郡、郷、保）の警察権、経営権を掌握するなど、在地との繫がりをさらに強化して在地領主化し、それら在地領主層を中核として武士団が生まれた。

治承寿永《じしょうじゅえい》の乱（源平の争乱）を経て成立した鎌倉幕府は、在地領主層を守護、地頭に任命して国家公認の地位に引き上げた。それまで在地領主層は新興勢力であるがゆえに、都市貴族（荘園領主）に対して従属的であり、不安定な地位に置かれていた。のちの戦国武将などの前身も、この守護や地頭であることが多く、鎌倉幕府の成立は日本の封建制の画期となった。その後、足利氏による室町幕府の時代、群雄割拠の戦国時代を経て、江戸幕府の時代になると、武士は、戦闘者ではなくて、官僚、為政者としての性格を強めてくる。このように、明治維新に至るまで、中世・近世を通じて武家が政権を掌握したのである。

＊1　『続日本紀』養老五（七二一）年正月二十七日条所載の元正天皇の詔には、「文人・武士は国家の重みする所なり。医卜・方術は古今、斯《こ》れ崇ぶ、百僚の内より学業に優遊し師範とあるに堪ふる者を擢して、特に賞賜を加へて後生を勧め励すべし」（「武士」の語の初出資料）とあり、この場合の「武士」は、律令官制における、文官に対する武官であり、天皇直属の近衛府系武官、衛門府・兵衛府・衛士府・隼人司などの武官等を指す。

＊2　後漢の許慎《きょしん》の『説文解字《せつもんかいじ》』では「文において止戈《しか》を武と為す」と言い、「武」とは「文明による教化によって戦闘を止めさせること」と解され、語源に関する俗説として広まっているが、「止」はそもそも「歩」で前進を意味するという（白川静『字統』普及版、平凡社、一九九四年、七四五頁参照）。とはいえ、日本における「武」を考える上では、漢字の俗説による理解に基づくとはいえ、それが基本的に「止戈」を可能ならしめる「文」と一体のものとして考えられてきたこと、一体のものでありつつ、さらに中国が「文」の偏重に傾いているのに対して、「武」の重視をもって日本の特徴としてきたこと、これらが主要な論点とされた経緯に留意する必要があろう。つまり、日本における「武力」とは――少なくとも理念のレヴェルでは――むき出しの「暴力」ではなく、常に「文」を伴い発動されるべきものとされていたのである。

＊3　「さむらい」は、上級者に伺候することを意味する「さぶらふ」を語源としており、律令体制下では、もともと明法家なども含め、技能をもって朝廷に仕える中下級の官人を一般的に意味していたが、次第に武芸に特化し、朝廷や公家の身辺警護にあたる武官の呼称になり、鎌倉時代以降は、上級武士を指すよう

になった。侍が、そもそも武芸をもって朝廷に仕えるべきものであったという事実は、武士の共時的側面を抽出するにあたって看過できないものであると思われる。

*4 「もののふ」とは、漢字で「物部」とも表し、本来朝廷に仕える文武百官を指し、物部氏のように、戦闘技能によって朝廷に仕える武官を特に指す。「もの」とは、差し当たりは「兵器」であるが、元来は、「大物主」や「物の怪」の「もの」と同様に、日常的知覚を超えて感知される霊異なるなにものかを意味している。つまり、「もののふ」とは、怪異に対して（弓を弾いたり矢を射たりして）呪的技能を発揮する者を意味する。なお、『万葉集』三六九には、「物部《もののふ》の臣《おみ》の壮士《おとこ》は大君《おおきみ》の任《ま》けのまにまに聞くといふものぞ」とある。「つはもの」の「つは」とは本来、鋭い声を形容する語であり、「もの」は兵器を意味するから、「つはもの」は、戦争に用いる鋭利な武器であり、またそれを使う兵士を意味する。「ますらを」とは、雄々しく勝れた男性を一般的に意味するが、特に武人についても使う。『万葉集』三六四には、「大夫《ますらお》の弓末《ゆずえ》振り起し射つる矢を後見む人は語り継ぐがね」（笠金村《かさのかなむら》）とあり、旅の安全を大樹に矢を射かけて祈る呪術儀礼を歌っており、武士の武芸が、元来呪能と結びついていたことを示している。「いくさ」とは、兵士を意味するが、元来、矢の的を意味する「いくは」という言葉を語源としており、弓矢による戦いを意味していた（白川静『字訓』普及版、平凡社、一九九五年参照）。

*5 武士の起源については、従来、平安時代中期に、律令制が衰え、中央集権的国家の支配力が低下し、治安が悪化したことにともなって、地方（特に東国）で農地を所有する在地領主（有力農民）が、自ら開発した領地を確保するために武装化したもの、また私的な使用人を武装化させたものであり、彼らによって古代貴族による支配は切り崩され、封建社会が形成されたものと考えられてきた（石母田正『中世的世

界の形成』伊藤書店、一九四六年など）。このような議論は、かつて大きな影響力をもっていた史的唯物論の古代奴隷制→中世封建制という枠組みにも馴染みやすい議論でもあり、一定の説得力をもって語られてきた。しかし近年、武士の武士たるゆえんを、土地の私的所有とその防衛にではなく、あくまでも職業的戦士としての武力の行使に見出そうとする議論が目立つようになってきた。それは、武士の発生を、律令国家と対立する在地の私的戦力においてみるのではなく、律令国家や貴族社会の武官に武士の発生をみるものである。たとえば、石井進の「国衙軍制論」、戸田芳実の「軍事貴族論」、高橋昌明の「武士職能（芸能人）論」などが代表的なものである。彼らの議論の特徴は、武士について、王威を担う戦闘者として理解しており、王朝国家と対立する者としては捉えなかった点にある。（ただし、このような議論は、特に新しいものではなく、すでに戦前から積み重ねられてきている。最近、中世史の枠組みとして定説化している黒田俊男の「権門体制論」もこの戦前からの積み重ねの一環と考えられる。）

さて、以上、「武士」の輪郭を、語源や歴史的展開の観点から素描した。これを踏まえ、さらに日本倫理思想史の視点から改めて武士の思想について検討してみたい。まず武士をどのようなものとして理解した上で立論するのかを、先行する研究業績に言及しながら、ごく簡単に説明しておきたい。

日本倫理思想史の分野において武士を論じるにあたっては、和辻哲郎の『日本倫理思想史』（和辻哲郎全集第一二巻、第一三巻、岩波書店、一九九〇年所収――以下、和辻全集一二巻と表記）における「献身の道徳」としての武士の倫理思想の分析が、まず議論の出発点となろう。和辻は、『日本倫理思想史』の第三章「初期武家時代における倫理思想」において、武士の発生を、公地公民制の衰退にともなって成長してきた私的領地である荘園の領主が、自衛のために武装したものと捉えている。この武力団体の構成員は、中央の名家の子孫として地方で名望を得ていた領主と荘民である。彼らは、日常生活をともにし、非常時には命を賭けて戦った。このような「生の共同」の中で、領主と統率される荘民との間に恩愛に基づく献身的な主従関係がはぐくまれた。この主従関係は、当事者のみならず、世襲的なものであり、「ある一定の土地において代々その生活と防衛とをともにすることによって」（前掲、和辻全集一二巻、二二五頁）、より強固なものとなった。このように形成された「坂東武者の習」は、この後の日本の武士の倫理思想の基盤となっていくのである。

　そして、和辻は、主従関係における献身の道徳の典型的な例を、佐奈田《さなだ》与一とその家臣文三に見出す。与一も文三も石橋山の合戦で先陣として戦い、討ち死にするが、そのとき、文三は「殿ハ今年ハ二十五、家安〔文三のこと〕五十七ニ罷成《まかりなる》。若人《わかき》ダニ主命トテ、先陣ヲ蒐《かけ》テ死ナント宣フ。殿ヲ見捨テ家安ガ生残テハ何ニカセン」（主君は今年二十五歳に、自分は五十七になった。主君の命令とあらば若者でさえ先陣をきって主君のために死のうと言うのに、この私が主君を見捨てて生き残ってどうなるというのか）（『源平盛衰記』巻二十〔『源平盛衰記』（四）中世の文学　三弥井書店、一九九四年、六二―六三頁〕）と言い、主君とともに戦死する。また、承久の乱のときの尼将軍の呼びかけに対して御家人たちは、「いかでか三代将軍の御おんをば思ひわすれ奉まつるべき。そのうへ源氏は七代さうでん〔相伝〕のしゆくん〔主君〕なり。子々孫々までもその御よしみを忘れまいらすべきにあらず。やがて明日うつたちていのちを君にまいらせて、かしらをにしにむけてかゝるべし」（どうして三代にわたる将軍の御恩をお忘れ申すことができようか。その上、頼朝公は河内源氏の祖である源頼信から代々、七代にわたる主君である。子孫たちはその御厚誼を忘れ申し上げるべきではない。すぐに明日にでも出発して命を主君に捧げて、頭を西に向けて戦おう）（『承久兵乱記』おうふう、二〇〇一年、四六―四七頁）と、命をかけて主君の恩に報いることを誓うのである。

さらに、和辻は、武士は仇討ちにみられるように親子間の情愛が深かったことを指摘しつつ、「それにもかかわらず、武士の主従関係は、この親子の情愛をさえも犠牲にし得たのであった」（和辻全集一二巻、二四四頁）として、坂東武者は、主君に対する献身を親子関係における情愛よりも優先することを指摘し、武士の倫理思想として無私の献身を宣揚する。そして、「献身の道徳の中核とは……利己主義の克服、無我の実現である。……享楽を欲する自我の没却、主君への残りなき献身、それが武士たちにとっての三昧境《ざんまいきょう》であり、従ってそれ自身に絶対的価値を持つものであった」（和辻全集一二巻、二四九頁）と主張し、「武者の習い」の中核に無我の実現、すなわち「「私」を没して主君の中に投入」し、「主従関係が完全な共同態になること」を見出すのである。[*1]

このように、武士の倫理思想における「無私の献身」の道徳の強調は、和辻の、日本人の全体性の自覚、すなわち無私の自覚の具体的な現れを尊王思想にみようとした、その志向性に基づいていると言えようが、[*2] これに対して、また別の武士理解を提示したのが、和辻の弟子であり、日本倫理思想、とりわけ近世儒教思想の研究者として知られる相良亨《さがらとおる》の武士論である。

＊1　歴史学者である家永三郎は、和辻の武士の主従道徳としての「献身の道徳」に関して異論を唱え、それは「御恩と奉公の双務関係」であり、奉公に対しては常に反対給付としての御恩が期待されており、そ

れを獲得するために奉公がなされると指摘した。和辻は、実態としての主従関係を問題にしているのではなく、軍記物等において理想化された主従関係における、手段ではなくそれ自体が目的となった献身の道徳を問題にしているのであり、家永の指摘は、理想について実態の境位から批判したということになろう。

＊2　ただし、和辻の武士の倫理思想に対する評価はアンビヴァレントなものである。無私の献身という点においては評価されるのであるが、その献身の対象については、常に具体的な主君、主家にとどまっており、それが国家的全体性への帰依にまで高まらないところに問題があると指摘された。たとえば、「……武士たちの主従意識に根ざした献身の道徳は、武士たちの直接の主君に即したものであって、天皇尊崇の伝統とはかかわりがない。……「武者の習い」と呼ばれているものは、あくまでもこの直接の主君との主従関係の自覚であって、国家的な場面から生い出たものではない」（和辻全集一二巻、二四三頁）とある。

相良は、その著『武士道』の中で、武士の道徳を「対峙的人倫観を踏まえた独立の精神」（『相良亨著作集』第三巻、ぺりかん社、一九九三年、一六一頁）として捉え、「心ある武士は他者を一人の武士として敬し、礼儀正しくあった。心ある武士は他者を敬し、また自己を守った。それはいいかえれば我は我なり人は人なりの姿勢である」（同書、一六〇頁）と述べ、さらに一個の武士として「名」「恥」を問題にする姿勢は、「いわゆる主従関係をはみ出すものが、武士の生き方、あるべきあり方の中にあったということである」と主張する。「……ともかく生命に執着することが恥である。主従関係に必ずしも包摂され切れない一個の武士、恥はこの一個の武士としての問題である」（同書、八六頁）という指摘からもわかるように、相良が「無私の献身」よりも「独立の精神」「自敬の精神」、すなわち主従関係には必ずしも還元されない「自己」に、武士の武士たる所以をみようとしていることは注目に値する。

和辻の「無私の献身」の道徳に対して、相良は、いわば自立した個としての「私」を守るところに武士の道徳をみたのであるが、このような「私」の自立をさらに強調したのが相良の弟子であった菅野覚明《かんのかくみょう》である。菅野は、その著『武士道の逆襲』の中で、明治武士道の呪縛から武士道を解放し、武士の道徳の成立現場に立ち帰って武士道を考察する。そこで明らかにされる武士の原像とは、次のような三点にまとめられる（菅野覚明『武士道の逆襲』講談社現代新書、二〇〇四年、三三頁）。

一、武士は戦闘を本来の業とする。

二、武士は妻子家族を含めた独特の団体を形成して生活しており、一族郎党、主従関係、譜代、御家など武士特有の人間共同のあり方はここを母胎としている。

三、武士は武力を行使することによって、私有の領地の維持・拡大を生活の基盤とし目的とする。

つまり、このような武士のもつ道徳思想、すなわち武士道とは、「自己の自立を懸け、己れと己れの一部たる妻子、共同体のために戦う、私的戦闘者であることに根ざした思想」（前掲『武士道の逆襲』二三二頁）であり、自らの「名」に自らの存在・力量のすべてを込め、それを不朽のものとして打ち立てることをめざすものであったのだ、と菅野は指摘するのである。

以上は、日本倫理思想史の立場から武士道について考察した代表的な三人による研究成果の概観である[*]。これらの議論を参考にしながら、私自身の武士の捉え方について簡単に説明しておこう。

＊　和辻―相良―菅野の系譜においては、武士について検討するにあたって、自己否定（無私）を説くにせよ、自己の確立を説くにせよ、「自己」が主題化されているところに特徴があると言える。これらの系譜とは、いわば対抗的な立場に立つ丸山眞男も、武士の思想について考えるにあたっては、同様に主体性をキーワードとしていた。『丸山眞男講義録第五冊　日本政治思想史一九六五』（東京大学出版会、一九九九年）の主要部分を占める第二章「武士のエートスとその展開」に、「『葉隠』で見たような主君への絶対的な忠誠は、下から上に吹き上げるような主体的能動性をもち、藩の運命を個人で担い切ろうという精神と結合していた。この精神形態が幕末の状況において、いわゆる志士の行動様式の中に再現されることになる」（二四八頁）、「……幕末日本における幕藩体制の危機は、国際的にも国内的にも、いったん凍結された戦国的状況の解氷であった。……知足安分の世界から突如として投げ出された武士層の間に、強烈な目標志向性、業績によって不断に証示せねばならぬ名誉感情、転変する状況に対する即応と自主的決断、といった伝統的武士のエートスがよみがえり、攘夷論はそれによって裏打ちされた」（二五一―二五二頁）とあるように、丸山は、伝統的な武士のエートスの中に、日本的な主体性の萌芽と可能性を模索していたのである。

武士とは、和辻、相良、菅野がともに強調するように、土地の私的所有を基盤にするものと、とりあえずは理解し得る[*1]。それは、個人の所有であるのみならず、家代々、継承していくものである。所有者の既得権が相対的に弱かった当時にあっては、その所有権は、戦い獲り、そして守り抜かなければならないものであった[*2]。戦いに勝利するとは、自己が囲い込んだ私有地を存続させ、何らかの上位の権威に依拠して、そこから他者を排除することに他ならなかった。土地は、そこを耕すことで収穫をもたらし、一族郎党の生活を支え、家代々の繁栄の土台となるものである。武士の名は、その土地の名である場合が多いが、それはまさに、武士のアイデンティティのありかを端的に表すものであったのだ。武士は、私有地を守り抜くことにおいて自己の主体性と自立（たとえ、相対的なそれにとどまるとしても）を確保していたということができるだろう。

そして、その土地を安堵してくれる主家は、自己の家が代々仕えてきたものであり、ともに戦った長年にわたる記憶が、世代を超えて共有されていく。これらの積み重ねが、主従の「一味同心」「一心同体」の情誼的結合を支えている。この結合は、日常生活と戦いという非日常とを貫く主従の共同を意味するのであり、究極的には戦いの場における生死にわたる一体性として表現されるものである。

＊1　従来の武士像では、和辻哲郎、相良亨、菅野覚明の学的系譜に顕著にみられるように、石母田正などが提唱した、現在の定説である武士＝在地領主説に基づく、農村において誕生した、土地の私的所有を主従関係を通じて代々確保する者という捉え方が優勢であった。ところが、七二頁の注＊5でも述べたように、近年、在地領主としての武士像のみならず、武士＝武芸者もしくは、武士＝朝廷・公権への奉仕者という側面に注目が集まっている（高橋昌明『武士職能（芸能人）論』）。つまり、武士は都の貴族から生まれたものであり、社会的分業が家職という形態として現れる歴史段階における一つの職業身分であり、その身分の最終的保証は王権によるというのである。もとより、これらの説はお互いに排斥し合うものではなく、ともに存立することが可能ではあるとはいえ、武士の本質として、「累代の私的所有の確保」のみならず、武芸を通じての公権へ奉仕の側面が指摘されたことは注目される。武芸とは、元来、弓矢や刀などを用い

た武術であり、それらは戦闘のみならず、射礼や流鏑馬などの各種の儀礼へと結びつく。また、これらの武術は呪術でもあり、たとえば源頼光の大江山の鬼退治や、源頼政の鵺《ぬえ》退治などの有名な伝説にも顕著にみられるように、日常世界に侵犯してくる不可思議な存在と相渉り、日常世界を確保する霊異なる力として捉えられていた。これらの力は、武士が皇威を担い、下級といえども、貴族として朝廷が確保する秩序の一端を担うものであり、さらに天皇のもつ祭祀的権威、呪的権能を分掌する存在であったところに淵源するものと考えられる。たとえば、『平家物語』に登場する公達《きんだち》をはじめ多くの武士にかかわる説話が、武士の勇猛さや忠義のみならず、その風雅について語るのは、武士の貴族化と捉えられるべきではなく、武士の本質にかかわるものとして風雅があったと考えるべきであり、この風雅は、王朝国家の祭祀空間としての雅やかさにつながるものであると言うことができよう。このような論点を踏まえるならば、従来の、武士は農村の自衛的戦力として出発したものであり、退廃した都の貴族とは対極的な存在であったという一般に流布している理解には見直すべき点があろう。たしかに徳川時代の貴族は、実際の政治権力から遠ざけられた文弱と言っても過言ではなかろうが、それ以前の貴族は、武芸とは親和性をもっていたと言うことができ、それゆえに貴族から軍事貴族としての武士が分岐し得た。また、六七頁の注＊でも触れたように、明治武士道が国民国家成立に向けたエートス形成のために、本来の武士の担っていた世界のごく一部だけをとりいれたために、武士の思想の根幹部分にあった風雅を切り捨てる結果となり、そのことがこのような武一辺倒の武士像の形成を促したと言うこともできよう。

＊2　たとえば、『貞永式目』の多くの条文は、土地の所有をめぐる争いに関するものである。また、鎌倉時代、室町時代を通じて、「当知行《とうちぎょう》」が重んじられ、たとえどのような経緯があろうとも、今現在、その土地を占有しているという事実が重んじられた。

武士は勝利をめざし、つまり敵の排除と自己の存続を賭けて、自らの能力の限りを尽くして戦う。そのために、身心の鍛錬を行い、戦士としての能力と人格と智慧とを磨く。そのような武士のあり方、生き方を支える道徳は、「弓矢取る道」「坂東武者《ばんどうむしゃ》の習《ならい》」「弓馬の道」などと言われる。これらは、平安末期から鎌倉時代、武士が台頭し政権を握ったころにその原型が確立し、その後、室町時代、戦国時代、江戸時代と武士が政権を担った時代を通じて、時代の影響を受けつつも継承された、武士の行為を律する規範である。それらは、具体的徳目でいえば、武勇、智慧、誠実、忠義等を重んじるものであり、これらは究極的には主君に仕えつつ戦う者としての武士の当為でもある。そして、これらの徳目を支えるのが、自己に対する執着やエゴイズムの克服、すなわち「無私」の精神である。

戦いの場面において、自己のあらゆる執着をも乗り越え、一身を顧みることなく戦うことが武士の理想とされる。その極端な例が、江戸時代、すでに儒教的士道論（治者として、道徳的模範、人倫的指導者として、武士がどのように振る舞うべきかの教説）が隆盛を極める太平の世において、戦闘者としての武士の理想を追求した『葉隠』の次のような言葉である。

武士道と云は死ぬ事と見付たり。二つ〳〵の場にて、早く死方に片付くばかり也。別に子細なし。胸すわつて進む也。……我人、生る方がすき也。多分すきの方に理が付べし。若《もし》図に迦《はず》れて生たらば腰ぬけ也。……図に迦れて死たらば気違にて恥には成らず。是が武道の丈夫也。

（『三河物語・葉隠』日本思想大系、岩波書店、一九七四年、二二〇頁。ただし表記は適宜改変した）

〈武士道とは死ぬ事であると見定めた。生と死の二者択一の場面において、早く死ぬ方を選択するだけだ。別にこれ以上の意味はない。腹を据えて進むのである。……人は皆、生きることを好む。だから好む方に理屈をつける。このとき、もし当てが外れて生きながらえたら腰抜けだ。……当てが外れて死んだならば狂人ではあるが、恥にはならない。これができる者が武士道における「ますらを」である。〉

武士道は死狂ひ也。……本気にては大業はならず。気違に成て死狂ひする迄《まで》也。又、武道に於て分別出来《いでく》れば、早おくるゝ也。忠も孝もいらず、士道〈武士道〉においては死狂ひ也。此内に忠・孝は自《おのずから》こもるべし。　〈同書、二五一―二五二頁〉

〈武士道とは「死狂い」である〈生を好む世人からみると、やみくもに死へと突入することを選ぶ点で狂気である〉。……正気では大きなことはできない。狂人になって「死狂い」するまでだ。また、武道において分別心が出てしまえば、後れをとってしまう。忠も孝もいらない。武士道においては「死狂い」しかない。そうする中に忠や孝はおのずからこもるのだ。〉

自己の生命に対する執着も、分別すらも乗り越え、それが「犬死」になってしまったとしても、戦いの場において、「無分別」に死に突入すること、すなわち「死狂う」ことこそが、武士にとって大切なのであり、そこには理屈は不要だと、『葉隠』の著者、山本常朝《じょうちょう》は断ずる。「我人、生くる方がすき也」とあるように、人間にとって自己への執着は抜き難いものである。その執着を土台にしてさまざまな理屈が立つ。しかし、戦闘者としての武士に必要なのは、それらすべてを執着として捨てて、ただひたすらに「死狂い」することのみだったのである。

また、このような「無私」の献身、「無私」の精神こそが、「恥」を知り、「名」を残すものであると理解されていた。武士にとって「恥」とは、臆病、未練、卑怯な振舞いをすることであったが、このような振舞いの根底にあるものは、自己に対する執着である。自分個人の命や財産、家族にこだわり執着するからこそ、命が惜しくなり、自己の所有物を失いたくないと未練が生まれ、臆病になったり、卑怯な行為をしたりするようになる。このような執着を断ち切って、勇敢で潔く、公明正大な態度を取ってこそ、「名」（＝「私」の名）を残すことができるのである。

このように、武士の道徳には、「私」を守り、「私」を主張し、「私」の名を不朽のものとするためには、「私」を捨てて「無私」にならなくてはならないというパラドックスが見出される。もちろん、自己が自己として成立するためには、自己を超えなければならないという逆説は、武士に限らず、人間存在の理法として普遍的に見出される原理であるが、その存在様態の必然として、自分が死ぬか、敵が死ぬかの生死を賭けた戦いの場に身を置くことをその本質とし、「私」の存亡の限界的な状況に常に身を置かざるを得ない武士であるからこそ、そのパラドックスのもっとも先鋭的な担い手となり得たのである。

ここまでは、「私」と「無私」という観点からする、武士の道徳思想についての、筆者なりの簡略なまとめである。次節では、このような一個の道徳体系としての武士の思想と仏教との関係を考え、それを通じて武士の道徳の特性を考察してみよう。

なお、本章においては、武士の「私」としては、肉体、財産、家門などを意味するものとして議論を進めているが、ここで、武士における「私」の体系の総体についての筆者なりの理解を、補説しておきたい。

さて、武士にとって「私」性の極にあるものは、「今、ここ」にある肉体としての端的な自己であり、そして、この端的な「私」を支え成り立たせている家族、一族郎党からなる家門である。平時において、この端的な自己と時間的・空間的に広がる自己とは矛盾しない。端的な自己の延長上に家門があり、自己が維持されることがそのまま家門が維持されることでもある。しかし、非常時にはそのような図式は成り立たない。家門の存亡を賭けた非常時には、自己は自己の肉体への執着を捨てて、命を賭けて戦わなければならない。家門の維持とは、自己の家族、一族郎党からなり、私有財と私有地をともなって、時間的・空間的に広がる共同体を持続させることである。自己は、自己の延長であるこの共同体を保持するために、自己への執着を捨て、「無私」にならなければならない。武士が武士として立つためには、肉体としての端的な自己への執着を超えなければならないのである。

そして、この一定の時間・空間に広がる共同体である家門そのものは、一個の「私」として対立する他の共同体との関係においては自立しているということはできても、究極的にはそれ自身で自己完結することはあり得ない。つまり、その共同体を位置づけ保証する、より上位の存在を要請する。その上位の存在とは差し当たりは主君であるが、主君は、眼前の主君であると同時に時空に広がる主家である。つまり、武士の家代々は、ある主家に仕えていくことにおいて、主家によって位置づけられ、アイデンティティを与えられるということができよう。それでは、主家そのものを位置づけ、アイデンティファイするものは何なのだろうか。

武士の源流と現在考えられている都下りの下流貴族たちの担っていたものが、それである。彼らは、皇胤の貴種であると自他ともに認ずることによって、在地の社会において正統性を主張できたわけであり、彼らの担う皇威が、主家から家臣の家へ、さらにそのまた家臣の家へと連続していく「私」、そしてその「私」の延長である家門を最終的に保証し得たと言うことができるだろう。つまり、「私」の体系を最終的に保証するという意味で、「私」の体系の頂点に立つのが天皇（皇統・皇室）ということになろう。

たとえば、肉体の死を予想し、さらに家門の滅亡をも覚悟した武士が、それでもなお主君への忠義や死に際の無執着な見事さによって、死後の「名」の流通を期待するとすれば、それはまさにこの皇威を基底として成り立つ不朽の場が想定されていることになる。その死に際の見事さを「あはれ」と嘆じ、永遠に記憶に留める、時空を超えた情の共同体の中心を貫くのがまさに皇統ということになるだろう。

そして、この「私」の体系の頂点は、下位の「私」すべてを掣肘《せいちゅう》し、相対化すると同時に保証するという点において、それは「私」の対極に位置するところの、「公」へと反転する。日本における持続性と文雅性の最高の表現と伝統的にみなされてきた天皇は、同時に、武家の「私」を最終的にアイデンティファイするものであるという意味で「公共性」をもつのである。

このように、武士をめぐる「私」の体系は、この「私」を位置づけ、その行為を、そしてその生き死にまでも位置づけることのできる、ある完結した体系であると言えるだろう。家門という運命共同体は、武士の「私」に意味を与え、「家門」を媒介として「私」は、主従のつながりをたどって天皇という日本における最高の公共性と持続性へと間接的に繋がっていくのである。

それでは、武士にとって仏教とは一体どのような意味をもつのだろうか。もし、武士の「私」をめぐる体系が完結したものであるならば、仏教への帰依など不必要なのではないか。しかし、現実には、多くの武士たちが仏教に帰依し、仏教にある救済を見出している。以下の節では、武士と仏教の関係をさらに考えてみたい。

2　武士と仏教(一)――「修養」としての仏教／仏教による武士の道徳の補強

日本の思想文化の形成に大きな役割を果たした仏教は、武士の道徳、思想の形成にも影響を与えた。ここでは、まず仏教が武士の道徳・思想を補強したという側面ついて、具体的な例を挙げながら考察してみよう。

さて、仏教が、武士の道徳・思想を補強している例は、枚挙にいとまがない。たとえば、鎌倉期以降武士が禅宗に帰依し、鎌倉幕府や室町幕府が禅宗寺院を保護したのは、一つには天台宗をはじめとする旧仏教と結んだ旧勢力に対する対抗意識からであり、また一つには、武運長久や御家繁栄などの現世利益《げんぜりやく》や、戦場で死んだ味方の霊を弔い、敵の怨霊を鎮める呪術的効果を期待したからと言われているが、[*1]しかし決してそれだけではない。武士たちは、禅宗の精神の中に、武士の道徳と共通するものを見出したのである。

仏教とりわけ禅は、厳しい修行の生活を通じて、自らの執着、煩悩を乗り越え、「無我」や「空」の境地を実現することをめざす。禅宗では、坐禅瞑想（釈迦も坐禅瞑想によって、菩提樹下で開悟成道したと伝えられる）をすることだけではなく、手を洗ったり、食事をしたり、掃除したりすることもすべて修行であると捉え、これらの行為を仏の行為として実践していくところに、「さとり」の地平が開けてくると考える。他方、武士の生活も、常に戦いを意識し、死を念頭においた厳しいものであった。自己を律した生活実践の中で、自我への執着の克服をめざす点で、両者の志向性は共通しており、この点で、武士たちは禅宗に帰依したと考えられる。[*2]

＊1　鎮魂のために仏教が用いられた例として注目されるのは、源頼朝が平家の亡魂のために万灯会を催し、足利尊氏、直義兄弟が夢窓国師の勧めにより、全国六十余州に安国寺利生塔を建立して、敵味方の戦死者の魂を鎮魂したという事例である。これは、一つには、怨みを呑んで横死した者は祟《たた》りをなすという、古代以来続く怨霊《おんりょう》信仰に基づくものであると同時に、仏教の説く怨親平等、罪報の思想にも基づいているのである。なお、安国寺利生塔に関して詳しくは、今枝愛真『中世禅宗史の研究』第二章第一節「安国寺・利生塔の設立」（東京大学出版会、一九七〇年）を参照。

＊2　鈴木大拙は『禅と日本文化』の中で「……元来、禅は意志の宗教であるから、哲学的より道徳的に武士精神に訴へるのである。……禅の修行は単純・直裁・自恃・克己的であり、この戒律的な傾向が戦闘精

神とよく一致する。……諸々の情愛と物質的な所有物は、彼が最も有効的に進退せんと欲する場合には、此上ない邪魔物になる。立派な武人は総じて禁欲的戒行者《アセティクス》か自粛的修道者《ストイクス》である」(『鈴木大拙全集』第一一巻、岩波書店、一九七〇年、三四―三五頁)と述べ、新渡戸稲造も『武士道』(『新渡戸稲造全集』第一四巻、教文館、一九七〇年)において仏教が武士道の形成の母胎の一つとなっていると指摘している。

たとえば、鎌倉幕府の執権北条時宗は無学祖元《むがくそげん》に参じ、北条時頼は蘭渓道隆《らんけいどうりゅう》に参じている。後代に目を転じてみると、柳生宗矩《むねのり》が沢庵宗彭《たくあんそうほう》に参じたほか、鈴木正三《しょうさん》、盤珪永琢《ばんけいようたく》、白隠慧鶴《はくいんえかく》など江戸期の禅僧には、大名も含め多くの武士が参禅している。

さらに、沢庵宗彭が『不動智神妙録《ふどうちしんみょうろく》』で説く「剣禅一如《けんぜんいちにょ》」は、禅の無執着、無私の境地で真剣勝負に臨むことを意味する。真剣勝負の場面において、自らの身心への執着は、動きの自由さを妨げ、敗北につながる。武士として究めるべき剣の道は、己に克《か》って「無私」を実現することをめざす点で、仏道修行と重なるものであると捉えられたのである。

また、武士の道徳思想を補強する禅の思想としては、鈴木正三《すずきしょうさん》(一五七九―一六五五年)の思想が注目される。正三が生涯めざしたのは、「大勇猛心」をもって修行に邁進し、煩悩を滅ぼして、「空」「無心」を体現し続けることであった。「本来空《ほんらいくう》」とは、あらゆる執着する対象がなくなった、煩悩を離れた境地である。このような「本来空」の境地を体得するためには、もちろん坐禅に励むことが必要であるが、次にみるように、正三が強調したのは、坐禅のみが修行なのではなく、日常生活のあらゆる行為が修行であり、坐禅と等価であるという点であった。

このような主張は、伝統的に禅思想史の中で強調されてきたことであり、たとえば唐代の禅者である馬祖道一《ばそどういつ》は「平常心是道《びょうじょうしんこれどう》」「日用即妙用《にちようそくみょうよう》」と日常生活の中で生き生きとはたらく心こそが「さとり」の心であると主張した。ただ、馬祖において想定されているのは、基本的には出家者の生活であったが、正三の場合は、それを世俗の生活すべてにまで押し広げたところに特徴がある。たとえば、正三は『万民徳用《ばんみんとくよう》』の中で次のように述べる。

何《いずれ》の事業《ことわざ》も皆仏行《ぶつぎょう》なり。人々《にんにん》の所作《しょさ》の上において、成仏したまふべし。仏行の外成《ほかなる》作業有べからず。一切の所作、皆以《もって》世界のためとなる事を以しるべし。仏体をうけ、仏性《ぶっしょう》そなはりたる人間、意得《こころえ》あしくして、好《このみ》て悪道に入事《いること》なかれ。本覚真如の一仏、百億分身して、世界を利益《りやく》したまふなり。鍛冶《かじ》番匠をはじめて、諸職人なくしては、世界の用所、調《ととのう》べからず。武士なくして世治《おさまる》べからず。農人なくして世界の食物あるべからず。商人なくして世界の自由成るべからず。此外所有《あらゆる》事業、出来て、世のためとなる。……其品々、限なく出て、世の為となるといへども、唯是一仏の徳用なり。

（『仮名法語集』日本古典文学大系、岩波書店、一九六四年、二七五—二七六頁）

（すべての行いはみな仏行である。それぞれの人の行いにおいて成仏なさるのである。仏行以外の行いがあるわけではない。一切の行いは、みな世界のためになると知りなさい。仏としての体をいただき、仏性〔仏の本性〕を具足している人間でありながら、心構えが悪くて自分から悪道に入ってしまうなどということがあってはいけない。本来的な「さとり」であり、真理そのものである一つの仏がいらして、それが、百億に分身して、世界の中で役立っているのである。〔その分身の一例をあげれば、〕鍛冶屋や大工をはじめ諸々の職人がいなければ、世界の中の必要事に対処することはできない。武士がいなければ世は治まらない。農民がいなくては世界には食物がないことになる。商人がいなければ、自由な流通が成り立たない。これ以外にもいろいろな行いがあって、みな世のためになっている。……このようにさまざまな職業が無数にあって世のためになっているが、これらはみな、一つの仏の「徳用」〔ありがたいはたらき〕なのだ。〕

ここで、正三は、士農工商をはじめ、あらゆる世俗の「職」がすべて「仏行」であるとしている。武士が戦場で主君のために戦うことも、仏の行いであると言うのである。なぜならば、世界の根源にある真理を人々は自らに潜在させており（仏性）、世のさまざまな「職」はみな、そのような真理を具現するためのものとして存在しているからである。だから、武士の場合、武士としての務めの中で、自らの心を鍛錬し、貪瞋痴《とんじんち》などの邪心を克服していくことで、仏の道を歩むことができるのである。

さらに注目されるのは、ここで正三が、在家の仏教信者はことさらに仏道修行をしなくても、それぞれの「職」に励むことで、仏道修行と同様に「さとり」が得られるとしていることである。自己に執着せず、全体のために福利を増すことは、まさに「縁起‐無自性‐空」に生きることである。自己の行為が全体を支えることを意識し、自己執着を捨てて他者に誠実を尽くすことこそが、正三の言う「正直の道」であり、武士の業《わざ》も仏道修行に他ならないのである。

右のように、武士の道徳思想を、いかに仏教が補強し強化したかを瞥見した。そこでは、武士における「無私」の精神を、仏教の「無我」「空」が裏打ちしていることが明らかになった。しかし、仏教と武士の思想とは完全に一致するものではない。たとえば、相良亨『日本人の死生観』では、「しかし、注目すべきことは武士が同時にあまり仏教に深入りしてはならないとも教えられたことである。たとえば『甲陽軍鑑』には、武田信玄（一五二一―七三年）が、『碧巌録《へきがんろく》』は読むべきであるが、七巻までにとどむべく、十巻全部を修めてはならないと教えられたと書かれている。理由は、『碧巌録』全部を修め切ると隠遁の心がおこり武士を廃業するに至るからである。信玄は、「さとり」は末来の事として、武士は愚に帰り現在の名利を本として生きよと教えられている」（前掲、相良亨著作集第四巻、八六頁）と述べられている。また、『葉隠』も、常朝が若年期に「血脈《けちみゃく》」まで授けられた湛然《たんねん》和尚の「年若き侍などの仏道を聞《きく》は、以《もって》の外《ほか》の僻事《ひがごと》也。……隠居・閑居の老人などは、遊び仕事に仏道を聞もよし、武士たる者は、忠と孝とを片荷にし、勇気と慈悲とを片荷にして、二六時中、肩のわり入程、荷ふてさへ居れば、侍は立也」（若い侍などが仏教の教えを聞くのはとんでもない誤りだ。……隠居した人や暇な老人などが、趣味として仏教の教えを聞くのもいいだろうが、武士たる者は、天秤棒で前後に分けて二つの荷物を担うように、片方には忠と孝とを担い、もう片方には勇気と慈悲とを担って、一日中肩に食い込むほど、担ってさえいれば侍としてなすべきことをしていると言えるのである）（前掲『三河物語・葉隠』三九九頁上段）という教えを伝えている。これは、まだ経験を積んでいない年若い侍が、いたずらに仏教に帰依することによって、俗世から距離を取ることになり、現世における主君に対する忠義がおろそかになることを戒めているのである。これらの言説においては、仏道の追求と武士としてのあり方は齟齬をきたすものであり、武士の道徳と仏道とは矛盾するものであることが、前提として想定されているのである。次節ではこの問題について考えてみよう。

3　武士と仏教(二)――武士の出家／武士の道徳と仏教との矛盾相克

武士とは、「私」すなわち自己の「名」や一族郎党の存続を保持するために、さらにその保持を保証してくれる主君のために戦闘する存在であった。そして、この「私」は「無私」を通じてよく成就され得るものであった。仏教は、その「無私」を実現するために有効な手立てとしてよく考えられていた。

しかし、仏教の教えの根本は、全面的な「無私」の実現であり、いかに「無私」を宣揚したとしても「私」の成就をその当面の目的とする武士の道徳とは、本質的に相容れない。両者の齟齬がもっとも際立つのは、戦闘における殺生の場面である。

自己が生き残るか、敵が生き残るかという、まさに「私」の生のぶつかり合いの中で、戦闘者である武士は、仏教の基本的な戒《かい》である不殺生戒に背かざるを得ない。本質的な立場に立つならば、不殺生戒を守るべき仏教信者であることと、戦闘者として生死を賭けた戦いをせざるを得ない武士であることとの間には矛盾がある。たとえば、能の修羅物に「シテ」として登場する武士たちは、それぞれが置かれていた立場からの要請として、人を殺さざるを得なかった。そのために殺生の罪を背負って、死後も修羅道（生前に戦いに明け暮れていたものが赴く死後の世界）で苦しみ続け、「ワキ」の僧に回向《えこう》を乞わなければならなかったのであるが、* このことは、仏教と武士であることとの本質的齟齬を物語っていると言えよう。

＊　たとえば、修羅物の能として名高い「箙《えびら》」（世阿弥作）では、源氏の武将である梶原景季《かげすえ》の霊が旅の僧に現れ、敵軍と戦った様子を自ら再現しつつ修羅道の苦悩を語り、供養を依頼するという筋立てになっている。

さらに、このような本質的齟齬を鮮やかに示すのは、法然の出家の機縁となったと各種の法然伝が伝える事件である。法然の父は、漆間《うるま》時国《ときくに》という押領使《おうりょうし》（地方警察司令官）を勤める武士であったが、所領争いから明石《あかし》源内《げんない》武者《むしゃ》定明《さだあきら》に夜討ちをかけられ、瀕死の重傷を負う。そして、まだ「九歳の小児」であった子息（後の法然）に対して、菩提を弔って出家せよと遺言するのである。

時国ふかき疵《きず》をかうぶりて死門にのぞむとき、九歳の小児にむかひていはく、汝さらに会稽《かいけい》の恥《はじ》をおもひ、敵人をうらむる事なかれ、これ偏《ひとえ》に先世の宿業《しゅくごう》也。もし遺恨をむすばゞ、そのあだ世々につきがたかるべし。しかじ、はやく俗をのがれ、いゑを出で我菩提をとぶらひ、みづからが解脱を求にはといひて端坐して西にむかひ、合掌して仏を念じ眠がごとくして息絶にけり。

（『四十八巻伝』法然上人行状絵図巻一、『法然上人伝全集』増補版、法然上人伝全集刊行会、一九六七年、六頁。ただし、句読点やカギ括弧等の表記は適宜改変した）

（〔法然の父である〕時国は戦闘で深手を負い、死に瀕していたとき、まだ九歳だった幼子〔法然〕に向かって言った。「お前は、敗戦の屈辱を思ったり、敵をうらんだりしてはいけない。自分が討たれたのは、ただ前世の業のせいである。もしお前が遺恨をもって仇討ちをすれば、今度はこちらが討たれることになって、怨恨は代々続くだろう。早く俗世を捨てて出家し、私の菩提を弔い、そして自分自身も解脱を求めるのが一番いい」と。こう言って端坐して西に向かって合掌して、仏を念じつつ眠っているかのように静かに息絶えた。）

法然の父、時国は、自分を討った相手を怨んで仇討ちをしたとしても、今度はその相手が報復をはかるだろうとして、恨みに恨みで報いる報復の論理はとどまるところがないと言う。「私」を立てれば、常に他の「私」との葛藤は避けられず、他の「私」を排除すれば、排除された側の恨みは尽きることがない。この世の「現場」だけに限定して考えるのであれば、「私」と「私」との葛藤は解決されない。しかし、時国は、自分が定明に殺されるのは「先世の宿業」であるという。つまり、「先世」というこの世を超えた不可視の世界を導入することによって、この世の中だけでは処理しきれない矛盾葛藤を超えていこうというのである。それが、武士における、「発心」「出家」の意味なのである。「私」と「私」とが相争う世界を超えて、「無私」の世界、すなわちあらゆる存在が相互相依し合い、支え合う関係的成立の真実の世界（縁起-無自性-空）を志向することによって、武士は、もはや武士にとどまることは不可能であったのだ。

自分の息子と同年の平敦盛を討ったことで知られ、所領争いに負けこの世の無常を観じて、法然の、どのような者でも念仏を称えれば救われるという教えに一心に帰依した熊谷直実《くまがいなおざね》（蓮生《れんせい》）や、一門の争いに絶望して出家したと伝えられる河野水軍の末裔である一遍《いっぺん》など、みな「私」と「私」との争う世界を超えて「出家」した武士であったのである。

武士について、仏教という観点から考察してきたが、武士とは「無私」を通じて「私」を実現するものである。「無私」を実現する過程において仏道は、武士の道徳の遂行に貢献するのであるが、その「無私」の目的が「私」の貫徹である以上、仏教と武士の道徳とは、最終的には矛盾葛藤せざるを得ない。[*1]中世を通じて仏教は広い層に浸透していったが、武士階級の仏教への帰依は特に注目される。自らの領地や家を守るために、また代々仕えてきた主君のために、ときには血で血を洗う戦いをも余儀なくされる武士にあっては、心の拠り所を信仰に求める者が少なくなかった。しかし、戦闘者である武士は、前述のように、しばしば不殺生戒に背くことになり、本質的な立場に立つならば、不殺生戒に従うべき仏教信者であることと、戦闘者として生死を賭けた戦いをせざるを得ない武士であることとの間には齟齬が生じざるを得ない。すでに触れた能の修羅物に登場する武士たちが訴える苦しみや、『平家物語』などの軍記物が描き出す、おのれの殺生の罪の自覚の告白からは、仏教と武士であることとの本質的齟齬をうかがい知ることができる。[*2]

仏教はその「縁起‐無自性‐空」の教義によって、現世のあらゆる存在の実在性を流動化させ、固定的分節を無化する。それゆえに、総体としての「私」の体系そのものも、また肉体からはじまって「私」の体系を段階的に構成する各項も、すべて相対化し得る。かたちある何ものも、たとえ日本における最高の公共性と持続としての天皇ですら相対化され、固定的な持続性は否定される。もちろん、王法仏法相依論が伝統的に正統的教説とされてきた日本においては、むしろ体系の頂点に位置する天皇をはじめとして、あらゆる段階の「私」を補強するかたちで仏教が機能してきたことは否定できないが、少なくとも原理的には、仏教は武士の「私」の体系を、その頂点をも含めて各段階において「縁起-無自性-空」の教義によって相対化し得たと言えるだろう。

＊1　このことが顕著に語られるのが、『平家物語』巻第十「戒文」所載の、平重衡《たいらのしげひら》の物語である。平清盛の五男である三位中将重衡は、戦いの中で南都を焼き討ちしてしまう。その後、一ノ谷の戦いで敗れ、鎌倉へ護送され、最後には木津川畔で斬首の刑に処されるのであるが、鎌倉護送を前に法然を招いて重衡は受戒する。そのときの重衡の言葉として、『平家物語』は、「さても重衡が後生、いかゞし候べき。……就中《なかんずく》に南都炎上の事、王命と言ひ武命と言ひ、君につかへ世に従う法遁がたくして、衆徒の悪行をしづめんが為にまかりむかッて候し程に、不慮に伽藍の滅亡に及候し事、力及ばぬ次第にて候へども、時の大将軍にて候し上は、せめ一人に帰すとかや申候なれば、重衡一人が罪業にこそなり候ぬらめと覚え候。……倩《つらつら》一生の化行を思ふに、罪業は須弥よりも高く、善行は微塵ばかりも蓄へなし。かくてむなしく命おはりなば、火穴湯の苦果あへて疑なし。願くは、上人慈悲をおこし、あはれみをたれて、かゝる悪人のたすかりぬべき方法候はば、しめし給へ」（『平家物語』下、新日本古典文学大系、岩波書店、一九九三年、二一二—二一三頁）という哀願を伝える。重衡の言葉によれば、「王命」「武命」によって自分はやむをえず南都を攻め、その結果、南都は炎上してしまった。自分の意図ではないが、仏寺仏像を破壊した罪を大将軍として一人で背負って、重衡は図らずも仏敵となってしまった。武士であることに忠実であることにより、

重衡は罪業を犯さざるを得なかった。重衡は「王命」「武命」に対して忠実に、その意味で「無私」に従ったのであるが、そのことは、重衡にとっては、最終的には一門の繁栄という「私」を動機としていた。この「私」は、究極的には「無我」を説く仏教と、齟齬をきたしているのである。仏教伝来以来、王法仏法相互相依のスローガンの下で覆い隠されていた、仏教の立場をもし純粋に貫徹するのであれば、家門や国家すら「私」になるという事態がここで露呈していると言えよう。重衡にとって、自らの罪業の自覚とは、端的に、「王命」「武命」の無根拠性が露わになるという事態への直面であり、その悲痛な訴えに対して法然は、「罪ふかければとて卑下したまふべからず。十悪五逆廻心すれば、往生をとぐ。……一念、十念の心を致せば、来迎す。……「一声称念罪皆除」と念ずれば、罪みなのぞけりと見えたり」（同書、二一三―二一四頁）と教え、重衡に授戒（仏教信者の入門儀礼）を行ったのである。「王命」「武命」、つまり現世のあらゆる価値の崩壊を目の当たりにした重衡を救い取ったのが、一切衆生をあますところなく浄土に往生させて救済する阿弥陀仏の慈悲だったと『平家物語』は語るのである。

＊2　しかしながら、殺生戒をめぐって、興味深い逆転現象が起きる。「空」の教えに依拠して「罪性空」（罪の本質は空であるから、罪を犯したとしてもその応報はないという考え方）が主張されるのである。たとえば、足利尊氏、直義兄弟の師であった夢窓国師は、『夢中問答』上において、「涅槃経云、釈迦如来の因地に国王にていましし時、数多の悪僧ありて、一人の正法を行ずる僧をそねみて、さまざまにあたをなす。その時に国王自ら彼の悪僧と合戦す。皆打したがへて、正法を行ずる僧をたすけたりき。其心ひとへに正法を、流通せんがためなりし故に、少罪をも得ざりきと云々。我が朝の聖徳太子の、守屋の大臣を打玉ひしも此謂れなり」（『夢中問答集付谷響集』古典資料類従5、勉誠社、一九七七年、六七―六八頁、表記を平仮名に改めた）と、釈迦が前世において、多くの悪僧と戦って正法を護持したことや、聖徳太子が仏教

に反対する物部氏を討伐したことを引き合いに出して、仏敵に対しては殺生もやむをえず、そのような場合は罪業にはならないという立場を示している。

また、その著、『安心法門』において、沢庵は、「後醍醐天皇、大燈に問いて曰、朕位に即き、天下騒乱して、許多の人命を絶つ。罪朕に帰するや無や。大燈答曰、崖崩魚死。其崖は無心にして罪を得ず、君若《も》し無心の法を得ば、日に千人を殺すも、繊毫の罪無かるべし」という後醍醐天皇と大燈国師との問答を引く。自分の即位によって、天下が乱れ、多くの人命が失われたことは、自分の罪になるのかと後醍醐天皇から問われ、大燈国師は、崖が崩れて魚が死んだとしても、崖は無心であるから罪にはならないように、陛下が無心という真理を悟るならば、一日に千人殺したとしても、何の罪にもならないと断言する。この問答に対して、徳川将軍家の兵法指南役を務めた武将であった柳生宗矩の師である沢庵は、「無心の人を引すれば、一切の罪業も罪業にあらず、皆妄想なり、業も皆妄業なり。業縛のはなるるを解脱と云ぞ」と言う。つまり、「無心」という境地を体得すれば、一切の罪業も罪業ではなく、みな妄想に過ぎなくなる。そのような罪業に縛られなくなる境地を解脱と言うと主張するのである（市川白弦著『日本の禅語録第一三巻沢庵』講談社、一九七八年、一四〇―一四一頁）。また、江戸時代の禅者である盤珪は、『盤珪禅師説法』前篇下で、「主君のさきをかけて、敵を打ちとらへ申す様な殺生もござあれば、是は悪人を打亡し天下を治る事、侍の常の所作でござれば、か様の事は侍の上へにては殺生とも申されませぬ」（赤尾龍治編『盤珪禅師全集』大蔵出版、一九七六年、五四頁。以下、盤珪全集、五四頁と表記。ただし引用の際、仮名遣い、句読点その他の表記は適宜改変した）と言い、武士が主君のために戦いで人を殺すことは、武士の務めであるから、それを殺生とは呼ばないとする。盤珪の唱えた不生禅では、生まれながらの不生の仏心を保つことは、各人が世俗の務めに励むことであるとしているが、武士の場合は殺生することが仏心を保つことになる場合もあるということになる。このように、殺生は基本戒である五戒に背くものであるが、武士の場合は戦場での主君のための殺生は罪にはならないとされるのである。なお仏教の善悪観における殺生の位置づけに関して詳細は、拙者『道元の思想――大乗仏教の真髄を読み解く』第六章「善悪の絶対性と仏教」（NHK出版、二〇一一年）を参照。

第三章　和とは何か

――「和を以て貴しと為」と「和敬清寂」――

この章では、日本の思想の歩みにおいて「和」という概念がどのように理解されてきたのか、その諸相を瞥見し、考察してみよう。その際、ややもすれば見落とされがちであった側面があることを仏教思想を引照しつつ指摘するとともに、「和」に関する日本の伝統思想に注目し、その内実を考えてみる。それを通じて「和」の可能性について改めて見直し、何らかの示唆を汲み取ることをめざす。

さて、「和」とは、一言でいえば、調和、融和であり、争い事や対立がなく、穏やかにまとまっているさまを意味し、さらに、ある特定の集団や場における一体感、異論なくなごやかに協力し合うというイメージを喚起する。この「和」については、これまで、一般に、日本文化の特性である集団主義を表すものと理解されてきた。*

＊　ただし、日本人の特性を集団主義に求めること自体に反対する論者もいる。たとえば、山岸俊夫『心でっかちな日本人――集団主義文化という幻想』（ちくま文庫、二〇一〇年）では、日本人は集団主義的に振る舞う方が利益が得られるから、集団に従属するように振る舞っているだけであると述べている。この書は、個人の心に問題のすべてを還元するのではなくて、集団のダイナミズムを十分考慮すべきことを主張し、大変に興味深いが、若干の疑問もある。たとえば、集団主義的に振る舞う方が利益を得られる構造を生み出したのが日本社会であるならば、日本人それ自体が集団主義的であるということも可能ではないだろうか。また、日本人が集団主義ではないことを示すための実験では、他者から切り離されたときの日本人の振る

舞い方を検証し、その時には日本人が集団主義的には振る舞わないことをもって自己の論旨を補強しているが、他者から切り離すという条件設定自体が、現実の場面から乖離し過ぎていると同時に、他者の視線を意識することによって自己の行動を変容させるということ自体、ある意味で集団主義的と言えるのではないだろうか（つまり、この書において集団主義と言っているものの内実を吟味する必要がありはしないかということである）。

また、日本文化論そのものについても、疑義が呈されもする。南博『日本人論――明治から今日まで』（岩波書店、一九九四年）によれば、明治時代以来、五百冊を越える日本人論、日本文化論に関する著作が公刊されてきたという。そして、これらの日本人論については、歴史を超えて「日本人」「日本文化」を不変のものとして実体化してしまい、日本の特殊性を強調し過ぎるという問題点が指摘されている（杉本良夫、ロス・マオア『日本人は日本的か――特殊論を超え多元的分析へ』東洋経済新報社、一九八二年）。また、そのような日本人論が、日本人の超歴史的な優越性のみを誇る排他的なナショナリズムに繋がる可能性も危惧されている（ハルミ・ベフ『イデオロギーとしての日本文化論』思想の科学社、一九八四年）。しかし、このような問題は、日本人や日本文化の諸特徴として指摘される事柄（集団主義、他者志向的、個の確立が不十分等）が的外れであるということを直ちには意味しない。それは、少なくとも日本人にとって一定の説得力をもつ議論であり続けてきたのであり、だとすれば、その議論がどのように組み立てられ、どのような機能を果たしてきたのかについては、日本文化論、日本人論それ自体のもつ問題性は十分考慮する必要があるにしても、少なくとも検討する余地があるだろう。

日本の文化的特徴とされるこの「和」に対しては、相反する評価がなされてきた。たとえば、「和」

の精神を評価する立場からは、「和」の精神こそが、無用な対立を避け、他者を尊重しつつ秩序を維持する、融和と共生のための知恵であると賞賛されてきた。[*1] それに対して、「和」の精神の問題性を指摘する議論も多くなされた。たとえば、「和」の強調は、自由や自立を軽視し、個性や個人を抑圧し、場への同調を強制することに繋がり、それは結局のところ、多様性を認めず、異論や少数派を排除する集団主義に帰結する、と批判する論者も多くみられる。[*2] また、「和」の主張は、なれ合いと妥協を促進し、集団における上位者への無批判な随順を促すネガティヴなものと考えられもする。

＊1　たとえば、現代日本の保守派の代表的な論客である藤原正彦は、伝統的に日本では競争より和、私より公、自由より秩序を重んじており、そのような伝統的な「和」の精神を取り戻すことによって覚醒すべきであると説いている（『日本人の誇り』文春新書、二〇一一年）。また企業の経営者の中にも「和」の経営理念は一般的である。たとえば、自ら企業経営者として日本流の経営倫理（特に労使協調路線）を追及した木川田一隆は、日本の経営倫理の根本に「和の精神」を置いた。

また、日本近代の代表的哲学者である和辻哲郎は、人間存在の普遍的あり方として、「間柄的存在」としての自他の調和、個と全体の調和を指摘し、さらに日本においてはそれが「尊王思想」の伝統として展開してきたと指摘する。和辻の教え子でもある中村元は、日本人論の古典的著作である『日本人の思惟方法』（『決定版中村元選集』第三巻、春秋社、一九八九年）において、日本人が人倫的な和合を重視する傾向をもつことを指摘した。

＊2　たとえば、日本文化論の中根千枝『タテ社会の人間関係――単一社会の理論』（講談社現代新書、一九六七年）では、「日本人が外に向かって（他人に対して）自分を社会的に位置づける場合、好んでするのは、

資格よりも場を優先することである」（三〇頁）と指摘し、日本人はどの場に属するのかということによってアイデンティティを形成し、その場に一体化することを重視するので、「個性とか個人とかいうものは埋没されないまでも、少なくとも、発展する可能性はきわめて低くなっている」（五二頁）とする。

さらに、戦後日本を代表する知識人である丸山眞男は、その対談集の中で、「日本は非常に危険な国です。「和」の名において、実は強制が行なわれる。そういう危険のほうが、より大きいと僕は思うんだ。だから、まず「紛争」というのを間に置けば、その点は大丈夫なわけです。そうではなく、「統合」から出発しちゃうと、紛争それ自体がいけないんだという、幕藩体制から儒教なんかが大いに要請した秩序本位の考え方のほうに行っちゃう」（丸山眞男対談集『自由について――七つの問答』SURE, 二〇〇五年）と指摘する。

しかし、この二つの立場はともに、「和」というものが、個性や個の自立とは対立的なものであるということを前提としてしまっている点では共通性をもつ。たとえば、「和」を称揚する論者にとっては、「和」は集団に一体化することであり、その立場からは、個人主義とは、所詮は他者を顧みないで自己利益を追求する者の自己弁護のためのイデオロギーに過ぎないということになる（もちろん、「和」の精神の称揚の際に、個の主体性が強調されることもないわけではないが、その場合でも、その主体性は、あくまでも既存の集団に対して自己が積極的に同一化することにおいて発揮されるものである、と限定される傾向をもつ）。

他方、和の問題性を指摘し、和の精神に対して否定的な姿勢をとる論者たちにとっては、「和」の精神の抑圧性、つまり同調圧力が批判され、それは個性や個人を圧殺するものであると弾劾される。

彼らは、集団から距離をとり、相対化することによって自立することのできる個を宣揚し、そのような個の自立を妨げるものとして「和」の精神を徹底的に排撃し、敵視するのである。

二つの議論は対照的でありつつ、ともに個と集団との関係を固定的に対立させてしまっている点においては共通しているのである。しかし、個と集団に対する見方はこれに尽きるものではないし、むしろ日本の思想の歩みを振り返ってみると、「和」の精神が個性の圧殺に繋がるどころか、「和」の精神が個の主体性を支え、その発揮を促すということもみられるのである。* 私は、その例として、ここでは、聖徳太子『十七条憲法』第一条「和を以て貴しと為」の「和」と、茶の湯の大成者とされる千利休の四規、「和敬清寂《わけいせいじゃく》」の「和」を取り上げて検討してみたい。

＊ 長谷川櫂『和の思想』（中公新書、二〇〇九年）は、エッセイ集ではあるが、「和」の精神を「異質なものを共存させる躍動的な力」と指摘し、異質なものの個性発揮と「和」とを相補的にみようとしている点で興味深い。長谷川は、蒸し暑い風土の中で日本人は、人と人、人と物との間に適度な余白を作り、その余白において異質なものがなごやかに協調してきたと指摘する。しかし、明治以後の日本では、「和」の躍動性が忘れられ、和服、和室という言い方にもみられるように、固定的なものとしてしまい、偏狭な「和」が覇権を握ることになってしまったと言うのである。

1　聖徳太子『十七条憲法』にみられる「和」——「和を以て貴しと為」をめぐって

聖徳太子と『十七条憲法』

聖徳太子（五七四—六二二年）は、用明天皇の皇子で、飛鳥時代の代表的政治家、思想家である。『日本書紀』の記事によれば、聖徳太子は、推古女帝の摂政として政治を司り、冠位十二階、十七条憲法制定、遣隋使、斑鳩宮《いかるがのみや》と斑鳩寺の造営、新羅《しらぎ》遠征、『勝鬘経《しょうまんぎょう》』『法華経』の講説、『国記』『天皇記』編纂等の事業を行ったとされる。

さて近年、聖徳太子（聖徳太子という呼び名は、後に神格化されてからの呼び名であるが、ここでは歴史的に聖徳太子と呼ばれてきた事実を重んじ、この呼称を使うことにする）をめぐっては、その実在性も含めて議論が行われている。中には、「聖徳太子はいなかった」という論陣を張る論者もいるが[*1]、しかし現在は、『日本書紀』の聖徳太子関連記事には文飾がみられ、必ずしも史実を正確に写しているものではないにせよ、それらの記事は推古朝の実態と必ずしも乖離するものではないことが明らかになりつつある。また、ここで取り上げる『十七条憲法』も、津田左右吉以来、たとえば推古朝においてはまだ「国司」制度はないにもかかわらず、この言葉が『十七条憲法』に含まれていることから、[*2]推古朝に作られたものではないと指摘されてきた。しかし、推古朝には、朝廷が各地の「屯倉《みやけ》」経営のために役人を派遣していたことがわかっており、このような役目を務めた者を『日本書紀』編纂当時に類似の役割を担っていた「国司」と呼ぶことは首肯できるというのが、現在定説になっている。また昨今、推古朝遺文の研究が進み、国語学の側からもまた歴史学の側からも、『日本書紀』所載の『十七条憲法』の元となった何らかの文書の作成を推古朝とみることが裏づけられてきている。

＊1　大山誠一『〈聖徳太子〉の誕生』（吉川弘文館、一九九九年）、同『聖徳太子と日本人』（風媒社、二〇〇一年）など。大山は、『日本書紀』の聖徳太子記事は、太子の没後百年以上もたった『日本書紀』編纂時に作り上げられたものであるとし、その背後には、藤原不比等や長屋王が、律令国家成立の英雄を時代を遡って必要としたということと、法隆寺の再興を推進した僧、行信とその後援者である光明皇后の意向が強くはたらいていることとを指摘した。しかし、これに対しては異論も多く、たとえば森田悌は「全くの捏造とする所見に対しては不比等と長屋王の対法隆寺の態度〔寄進等の保護をまったく行っていない――引用者注〕からみて〔大山説に対して〕疑念を抱くのである」（「〈学界動向〉最近の聖徳太子研究――大山・吉村両氏の近著に寄せて」（『弘前大学國史研究』一一二号、二〇〇二年、四七頁）と述べている。

＊2　第十二条に、「十二に曰はく、国の司《みこともち》、国の造、百姓に歛《おさめと》ら勿《ざ》れ（後略）」（『聖徳太子集』日本思想体系、岩波書店、一九七五年、一九頁。以下、『十七条憲法』からの引用は本書による。ただし訓み下しや振り仮名をはじめとする表記は適宜改変した）とある。

以上、『十七条憲法』(の原型的文書)を、聖徳太子が書いたと考えることができるということを確認した。次に、『十七条憲法』が書かれた背景について簡単に述べておきたい。聖徳太子は、特に蘇我氏と父方においても母方においても濃い血縁関係を結んでいた。当時、蘇我氏は、渡来人を配下に置き、大陸や半島からの最新の知識・情報に基づいて国政を担っていた。律令制を整備し、中央集権化を推進する隋《ずい》が勃興することによって東アジアが新たな歴史的段階に入ったこと、そして日本もその動きと連動して新たな国政の仕組みを作らざるを得ないことは、聖徳太子と蘇我氏の共通の認識であったと思われる。

このような動きの中で、諸豪族の連合体から中央集権的官僚制秩序の創出へ向けて、国政においても大きな脱皮が図られることになる。その一環として生まれたのが、『十七条憲法』なのである。

この『十七条憲法』は、地方官に対する倫理規定である北周の「六条詔書*」をはじめ北朝の官僚に対する倫理規定と類似しており、これらの影響下で作成されたと言われているが、しかしこれらは「和」を冒頭に掲げてはおらず、「和」の強調が『十七条憲法』の大きな特色となっている点は注意すべきであろう。

＊ 第一条「心を治むるを先ず」。第二条「教化を敦《あつ》くす。(中略)天地の性、唯人を貴しと為す。明らかな其の中和の心を持し、仁恕の行を為し、以って和睦すれば、則ち人に怨み無し」。第三条「地利を尽くす」。第四条「賢良を擢《あぐ》る」。第五条「獄訟を卹《あわれ》む」。第六条「賦役を均《ひとし》くす」(『周書蘇綽伝』)。他にも『十七条憲法』への影響が指摘される、北朝における倫理規定としては、北斉の「五条詔書」や西魏の「二十四条新制」「十二条新制」などがあげられる。

「和」の語義と語源

次に、この「和」の内容について検討してみよう。まず、条文の本文の検討に入る前に、若干の語義や語源について説明をしておきたい。

この和という字は、「咊」とも書かれ、甲骨文（殷墟《いんきょ》から発見された獣骨に刻まれた卜辞《ぼくじ》）にはみられないが、金文《きんぶん》（殷周時代の青銅器に鋳刻された文字）ですでに使用されている字である（「和」という漢字の成り立ちに関しては、荒木雪葉「『和の文化』論――「和爲貴」解釈を端緒として」『和の文化』創刊号、二〇一二年）を参照した）。金文には「龢《わ》」という字もみえ、これが「和」の古字とされる。この「龢」のへんに位置する「龠《やく》」は、三孔の笛の竹管を並べて縛った姿を表しており、口が上に三つ並び、神を祭祀するために笛の楽声を調えることを意味する。これが転じて、人々の言うことに異論が混じらず、調和、協力することを意味するようになった。また、「和」については『説文解字《せつもんかいじ》』に「和、相ひ應《こた》ふるなり。口に從《したが》ふ、禾聲《かせい》」（口部）とあるように、一般に、「意符の「口」と、音符の「禾」から成り立っており、一つの口からの発声に、他の口からの発声がうまく合わさって調和することを意味し、転じてみなの言うことが調和し、異論なくまとまることであると考えられている。

他方、近年、古代人の信仰に基づいた漢字解釈をして文化史・思想史分野にも大きな影響を与えている白川静によれば、「和」は、「禾」と「口」からなる会意文字である（白川静『字通』平凡社、一九九六年、一六七七頁の「和」の項参照）。「禾」は軍門を表し、[*1]口は𠙵《さい》であり、[*2]神の前で誓った「盟誓など、載書といわれる文書を収める器」を意味するという。つまりこの「和」という字は、超越的な権威を背景として「軍門の前で盟約し、講和を行う意」であり、「和平を原義とする」と言える。

＊1　「禾」に関しては、「象形。稲の象形。（中略）1 いね、穀類。2 軍門の左右に立てる表木の形、両禾軍門という。軍門」（白川、前掲書、一〇四頁）と言われている。古代中国では、軍営の出入り口に目印として門（両禾軍門・華表）を建て、その前で、戦いの当事者が和平を神に誓ったと言う。

＊2　ただし、この「𠙵」は、口《くち》ではないことには十分に注意すべきである。この字は白川文字学の中心をなす文字であり、白川は、この字は『説文解字』以来、「口」と解釈されてきたが、文字の源流である甲骨文や金文ではこの字は決して「口」としては使われていないと指摘する。白川は「ただト文・金文にみえる口を含む字形のうち、口耳の口と解すべきものはほとんどなく、おおむね祝禱《しゅくとう》・盟誓を収める器の形である𠙵《さい》に従う。すなわち祝告に関する字とみてよい。文字は祝告の最も盛んに行われた時期に成立し、その儀礼の必要によって成立したものである」（前掲書、四八五頁）とする。

つまり、「和」というのは、白川文字学の知見に基づいて考えるならば、単なる平和ではなくして、対立し合う両者が、神という超越的な次元を導入しつつ、対立を超えた調和の実現をめざすということを意味するのである。このことは、ただ単に対立し合う二元が妥協的に均衡を保つのではなくて、超越的な神によって、二元的対立の次元が止揚され、新たな調和の次元が切り拓かれ、秩序が創出されるとも考えられるのではないだろうか。

また、「龢」の方も、神への祭祀の際に捧げられる音楽として、調和を意味する。その場にいるすべての者の心がその響きの中で一つになる。つまりここでも、祭祀において日常次元の対立、葛藤が超えられ、二元的対立の次元が止揚されて、新たな調和的次元が現れる。

次にやまと言葉の「和」について簡単に確認しておこう。

やまと言葉では、「和」は「やはらぐ」「なぐ」「なごす」「あまなう」などの訓があてられる。このような読みの中で、まず注目されるのは、「やはらぐ」である。というのは、『日本書紀』の古写本である岩崎本『日本書紀』巻第二十二では、『十七条憲法』第一条冒頭の「和」を「やはらぐ」（ガ行四段活用・自動詞）と読ませているからである（前掲『聖徳太子集』、一三頁）。この岩崎本は、延喜年間（十世紀初頭）の写本と考えられており、養老四（七二〇）年に『日本書紀』全三十巻が完成してから約二百年後の作ということを考えると、必ずしも当初の読みとは言えないとしても、古代に「和」の字がどのようなイメージで受け取られていたのかを表すと言えるので、まずこの「やはらぐ」という言葉を確認しておこう。

まずこの「やはらぐ」という言葉の「やは」は、しなやかでなごやかな様子を表しており、自動詞（四段活用）でも他動詞（下二段活用）でも使われる。たとえば、『日本書紀』顕宗紀訓注には「兄《このかみ》・弟《おとと》、よろこびやはらぎて」とあり、兄弟が親しんだことを述べている。また、「やはらぐ」と同様の意味をもつ「やはす」に関しては、祝詞《のりと》の「大殿祭《おおとののほかい》」には、「神等のいすろこひ荒び坐すを、言直し和《やは》しまして、（中略）平らけく安らけく仕へまつらしめます」（『古事記・祝詞』日本古典文学大系、一九五八年、四一九―四二一頁）とあって、この「やはらぐ」「やはす」という言葉が、本来、利害を必ずしもともにしない兄弟や荒れすさぶ神という、対立、葛藤状態が解消され、穏やかな状態へと変化することを意味していたと考えていいだろう。（ただし、『万葉集』一九九の柿本人麻呂の長歌、「（前略）鶏《とり》が鳴く　東《あずま》の国の　御《み》いくさを　召したまひて　ちはやぶる　人を和《やは》せと　奉《まつ》ろはぬ　国を治めと　皇子ながら任《よさ》したまへば（後略）」とあり、「やはす」（和）が、武力によって平定し、服従、帰服させることをも意味することは、ここで注意しておきたい。また「和」の別の訓である「なぐ」も元は、「薙《な》ぐ」と同根である。「薙ぐ」とはそもそも、横ざまに切り倒すを意味し、その結果としてものごとが平均化され穏やかになることだったことにも注意を払っておきたい＊。これらは、「和」が同調圧力として解されてしまった際の、いわば暴力的な側面を表していると言えよう。

＊　白川静『字訓』（平凡社、一九九五年、五五九頁）に「なぐ（和）　上二段。海の波風の静まることを言う。また心がおだやかになり、静まることを言う。もと「薙ぐ」（横ざまに切り倒す。その結果としてものごとが平均化され穏やかになる――引用者注）と同根の語であろう。「なぐさ」「なごむ」「なごむ」も同系の語で、「なぐし」はその形容詞形である。のち凪と同義に用いる（後略）」とある。

「和を以て貴しと為」とは

以上を準備作業として、次に、『十七条憲法』における「和」を考えてみよう（前掲『聖徳太子集』一一三頁）。

一に曰く、和を以て貴しと為《す》。忤《さか》ふること無きを宗《むね》と為。人皆党《たむら》有り、亦《また》達《さと》る者少し。是を以て、或いは君父《くんぷ》に順《したが》はず。乍《ある》いは隣里《りんり》に違へり。然るに上和《かみやは》らぎ下睦《しもむつ》びて、事を論《あげつら》ふに諧《かな》ふときは、則ち事理自ずからに通ふ。何《いずれ》の事か成らざらむ。

（第一条　和を尊重し、人に逆らわないことを心がけよ。世人はとかく党派を結びがちであり、また、物事を弁えた人は少ないから、主君や親に逆らったり、近隣の人と争ったりする。しかし、上に立つ者が下の者に和やかに接し、下の者も上位者に親しんで、穏やかに議論して調和すれば、物事の理はおのずから明らかになり、何事もうまくいくのである。）

まず、この第一条では、官人に対する訓戒のうちでももっとも大切なものとして「和」を説いている。「和を以て貴しと為」が、そのすぐ次の文で「忤ふること無きを宗と為」と言い換えられたように、「和」とは、「人に逆らい争う」ことなく、人となごみ調和することを意味している。

同じく第一条で「上和らぎ下睦びて」と言われているように、官人にはそれぞれ位階があり、上位者と下位者とがあり、それぞれ立場の違いがある。また、この『十七条憲法』（の原型的文書）が書かれたのが推古朝であるとするならば、朝廷においては有力豪族たちが熾烈な権力闘争を繰り広げており、そのことは、「人皆党有り」という言葉にも反映しているだろう。そして、「達る者少し」とは、人はみな、自己の立場や属する党派の利害得失に目がくらまされてしまって、それを超える公共の立場に立って物事を認識することが難しいということを意味しよう。このような偏狭な党派性に囚われた官人たちに、その対立を超えるものとして「和」を説くことが必要とされたということができよう。

そして、ここで特に注目したいのが、「事を論ふ」ことの重要性が述べられているということである。つまり、「和」とは、同調圧力によって集団の価値観に盲従したり、上位者の意見がどのようなものであっても、下位者が何の異論も差し挟むことなく唯々諾々としてそれに従ったりするというような、悪しき集団主義における「従順」を意味しているのではない。「議論」をすることによって、問題になっている事柄における「理」をおのずからに明らかにしようとすることを含意しているのだ。

人のもつ党派性、そしてそこに由来する偏狭さは、議論をし、その中で相手の立場を知り、また議論を重ねることによって、超えられていくべきものだという考え方がここには表されている。自己と相手との拠って立つ立場の違いを理解することで、自己の利害にばかり囚われていた偏狭な心が、対立を調停する、より高次の次元へと開かれていくというのである。そして、「則ち事理自ずからに通ふ」と言われているように、議論を重ねることで、自他対立を調停する、より高次のものとして「理」がおのずから浮かび上がってくる。「理」とは物事の正しい筋道のことであり、それは、議論においてそのつど明らかになるものであって、決して前もって従うべき「理」として押しつけられるべきものではないのである。

以上、第一条の検討を通じて、いわゆる「和」の精神が想定するような、ものごとの正しさにはかかわらず集団にやみくもに随順するような精神のありようとはまったく違うものを、この『十七条憲法』における「和」が訴えていることを示した。

次に、この「和」の性質と背景をさらにその典拠という面から見定めてみたい。

さて、ここで言われている「和」の典拠については、仏教からという説と儒教からという説がある。まず、儒教からという説を検討してみよう。

儒教においては、本来、和は礼との関係で言及されており、『礼記《らいき》』儒行《じゅこう》篇には「礼は和を以て貴しと為」（『礼記』下巻、新釈漢文大系、明治書院、一九七九年、九〇三―九〇四頁）とあり、『論語』学而《がくじ》篇《へん》では、「礼の用は和を貴しと為す」（『論語』同大系、一九六〇年、三〇―三一頁）と言われている。ここでは、『十七条憲法』において他の多くの条文の典拠となっている『論語』に注目してみたい。『論語』の該当箇所は次のようなものである。

有子《ゆうし》曰く、礼《れい》の用は和を貴しと為す。先王の道も、斯《これ》を美と為す。小大之《しょうだいこれ》に由《よ》るも、行はれざる所有り。和を知りて和すれども、礼を以て之を節せざれば、亦《また》行ふべからざればなり。
（有子〔孔子の高弟〕が言った。「礼の運用のためには、和が重要である。尭舜《ぎょうしゅん》禹など昔の聖王のやり方でも、和を良しとしていた。しかし、大事であろうと小事であろうと、和だけではうまくいかないこともある。和ということの重要性を認識して、和を実践しても、礼によって節度を保たないならば、〔安易な付和雷同になってしまって〕うまくいかないからだ」と。）

『論語』のこの箇所では、礼のみ、和のみでは物事はうまくいかず、両方ともに必要であると述べられている。つまり、人々がそれぞれの分に応じて振る舞うという身分の隔たりを前提とした秩序感覚である礼と、人々が互いに相親しんで繋がり、和《なご》みあう親和感覚との両方が物事を行うには必要なのだと主張されているのである。たしかに、『十七条憲法』の第一条では、「上和らぎ下睦びて」と言われているように、上下、すなわち官僚としての上位者と下位者とが想定されているが、上下の隔たりを越えてお互いが、「和らぎ」「睦ぶ」ことも同時に勧められている。このことから、「和を以て貴しと為」という『十七条憲法』の第一条が、儒教的なものの考え方をその背景にもっていることは十分に首肯できよう。とは言うものの、この第一条を単に儒教の影響下にあるとのみ考えることは不十分であろう。

まず、その理由として挙げられるのは、『十七条憲法』冒頭の「和を以て貴しと為」という言葉からは、原典にあった「礼」が省かれてしまっているということである。もちろん、第一条においては、そのあとの行文で「上和らぎ下睦びて」と言われており、儒教的な上下の秩序についても触れられているのであるから、まったく「礼」が排除されているわけではないのだが、それにしても、冒頭の一文に「礼」が省略されていることの意味は決して小さくないと言わざるを得ないだろう。

また「和」は、儒教における中心的な徳目とは当時受け取られていなかったということも指摘できる。儒教の中心徳目は、「仁義《じんぎ》礼智《れいち》信《しん》」の五常であり、「礼楽《れいがく》」であることは言うまでもなく、「和」とは、それらのように儒教の中軸をなす徳とは一般に考えられていなかった。つまり、もし『十七条憲法』が儒教の立場を貫くのであれば、「仁義」や「礼楽」を差しおいて、「和」をまず第一に主張することには違和感があるのだ。

また「礼」ということであれば、第四条では、「四に曰はく。群卿百寮《まちぎみたちつかさづかさ》、礼《れい》を以て本と為《せ》よ。其れ民を治むるが本、要《かなら》ず礼に在り（後略）」（四に言う。群臣たちは礼に基づきなさい。民を治める時は、礼を基としなさい）と言われており、儒教的にはより本源的な徳目である「礼」が第四条であり、冒頭のもっとも強く押し出される徳目が、「礼の用」である「和」だというのは、本末転倒している印象を免れ得ないのである。

もちろん、儒教的な「和」というものがまったく排除されるわけではないことは言うまでもないが、ここでは仏教における「和」が『十七条憲法』の「和」の背景として最重要と言えるのではないか、という視点を導入してみたい。

和を説く第一条に続く第二条において、「二に曰はく、篤《あつ》く三宝《さんぼう》を敬へ。三宝は仏法僧なり（後略）」（二に言う、心から三宝を敬いなさい。三宝とは仏法僧である）と言われていることからも、『十七条憲法』における仏教思想の重要性は知られるであろう。

さて、仏教における「和」を考える上で、もっとも重要なのが、第二条でも言及された「三宝」の構成要素の一つをなす「僧」である。僧とは本来は、僧伽《そうぎゃ》（Saṃgha, サンガ）の略語である。僧伽とは、古代インドにおける自治組織としての同業者組合や共和政体を意味していたが、仏教では、出家者の集団・教団を意味する。漢訳では、「衆」「和合衆」「和合僧」などと呼ばれた。なお付言しておくと、本来、仏教の僧（僧伽）は、出家者の集団を意味していたが、日本や中国においては、四方僧伽（個々の具体的な出家者集団を統一する、出家者の理念的な全体集団で、全時空にわたる。僧院の土地や建物、道具などはみな、この四方僧伽に所属する）という概念は根づかず、また、僧伽の構成員である出家者個々人を「僧」という言葉で呼んだ。

さて、この僧伽において、出家者たちはそれぞれに協力し合いながら、教法に従って真理の体得をめざす修行の生活を共同で営んでいる。＊その共同生活の特徴は、平等と和合ということができる。古代インドにあっては、現在まで続く厳格な身分制度であるカースト制度が行われ、カーストの異なるもの同士は、通婚はおろか、共食すら禁止されていた。このような厳しい身分差別の中で、仏教の教団は、完全な平等主義を貫いた。もちろん集団生活上の必要から席次などは設けられてはいるが、その序列は純粋に出家してからの年月（法臘《ほうろう》）が長い方が上であり、たとえ世俗にいたときにどんなに高い身分であったとしても、新参者は低い席次にとどめ置かれた。また、僧伽における物事の決定は、合議制による「全員一致」によることになっている。『四分律』には「和合者同一羯磨《どういつこんま》 同一説戒《どういつせっかい》」（大正二二―五九五ａ）とあり、和合とは同一の「羯磨」であり、同一の「説戒」とされている。まず「羯磨」とは、僧伽の議事運営方法や祭式・受戒などの行事を意味する。僧伽においては、議事は必ず全員が参加し、全員が合意しなければならず、合意が得られない場合はその案件は脚下された。また、事の軽重によって一案件に対して三回同意を求めることもあった（白四羯磨《びゃくしこんま》）。また、月に二回の「説戒」（布薩《ふさつ》）においては、教団の規範である戒の条文を一つ一つ読み上げていき、それに違反しなかったかどうかを全員で確認した。

＊　僧伽の和合としては、大乗仏教において「六和合」（六和敬）が強調され、教団において共同生活を営む修行者たちは、六つの点で和合し敬愛し合うべきだとされた。六和合とは、一、礼拝などにおける和合（身和）、二、讃詠などにおける和合（口和）、三、信仰における和合（意和）、四、生活規範をともにする和合（戒和）、五、空などの見解における和合（見和）、六、行動を同じくする和合（行和）（一説に利益を同じくする利和）である。

なお、この「六和合」については、時代がかなり下るが、道元が「学道の用心」は「和敬」であるとして、

> 「俗人なほ家をもち城を守るに、同心ならでは終に亡ぶと云へり。況や出家人は、一師にして水乳の和合せるがごとし。又、六和敬の法あり。各々寮々を構へて身心を隔て、心々に学道の用心する事なかれ。一船に乗て海を渡るがごとく、心を同じくし、威儀を同じくし、互に非をあげ是をとりて、同く学道すべき也。是レ仏（在）世より行じ来れる儀式なり」（『正法眼蔵随聞記』巻五―十三、道元全集下巻、四七六頁）と

述べているのが注目される。

以上、簡単に素描したような僧伽の和合したありさまを、『十七条憲法』で言われている「和」に重ねてみた場合、「さとり」をめざして和合しつつ修行する者たちの集団というのは、『十七条憲法』がめざす「国家永久」（第七条）のために邁進する官人の集団に重ねることが可能であると言えよう。「さとり」をめざす修行生活のために、平等主義に基づく完全な合議制が取られている僧伽のあり方と、国民の福利のためにはたらく官人たちの議論を重んじるあり方とは重なり合っていると言うことができよう。

以上から、『十七条憲法』の冒頭の「和」については、やはり仏教の「和合僧」がその第一の源泉となっているとみるのが適当であろう。「和合僧」とは、僧が互いに協力し、「さとり」をめざして修行する共同体（僧伽）を指す。官人たちは、さまざまな位階にあるが、上位者も下位者も互いに協力し、一人よがりな偏向に陥らないよう、常に話し合いながら、国家の福利を増進させるべきなのである。

人間が陥りがちな自己中心性を避け、常に他者に対して謙虚で開かれた存在であるために、太子は、たとえば第十条では、「忿《いかり》を絶ち瞋《いかり》を棄て、人の違ふことを怒らざれ」（怒りを捨てて、他人が自分とは違うことを言っても立腹するな）と言い、第十七条では、「夫れ事は独り断《さだ》む可らず。必ず衆と与に宜しく論《あげつら》ふべし」（為政について独断専行してはならない。必ず他人に相談して行いなさい）と言っている。そして、このような態度を根底から支えるのが仏教なのである。そのことがよくうかがえるのが、先にも挙げた第二条である。ここでは全文をあげて検討してみよう。

二に曰はく、篤《あつ》く三宝《さんぼう》を敬へ。三宝は仏法僧なり。則《すなわ》ち四生《ししょう》の終帰、万国の極宗《ごくしゅう》なり。何《いずれ》の世、何の人か是の法《のり》を貴ばざる。人尤《はなは》だ悪しきもの鮮《すくな》し。能く教ふるをもて従ふ。其れ三宝に帰せずんば、何を以てか枉《まが》れるを直さむ。

（『聖徳太子集』一三頁）

（第二条　篤く三宝を敬いなさい。三宝とは、仏と法〔仏教の教え〕と僧である。仏教とは、四生〔胎生《たいしょう》、卵生《らんしょう》、湿生《しっしょう》、化生《けしょう》のこと、すべての生物〕の最終的な拠り所であり、万国が則るべき究極の教えである。どの時代も、どの人も、仏法を尊重しないということはない。その本性が極悪であるという人は、めったにいない。だから、教化可能なのである。三宝に帰依することによって、その人の偏向を正すことができるのである。）

ここで太子は、仏教の教えに従うことが、人が自己中心性を免れ、他者を尊重することの基盤をなすと説く。仏教の教えの中心となるのは、「無我」（非我）であり、「縁起-無自性-空」である。自己を固定的な自我とすることを否定し、自己がさまざまな関係の網の目を担う一つの結節点であり、関係的に成立したものと捉えることは、仏教教理の基本である。このような基本教理に基づいて、太子は「三宝に帰せずんば、何を以てか枉《まが》れるを直さむ」と言っているのである。「共に是れ凡夫のみ」(自分も他人も凡夫に過ぎない――第十条)という自覚のもとに、自己を相対化し、自己中心に陥っていないかを省みるべきだと主張されるのである。このような自己に対する捉え方を可能にするのが、「縁起‐無自性‐空」という関係主義的な存在論であったと言えよう。

さらに、ここで注目されるのは、太子が「人尤《はなは》だ悪しきもの鮮《すくな》し。能く教ふるをもて従ふ」と述べている点である。つまりここで太子は、人の中に善への可能性を認め、それゆえに教化が可能であるとしている。このような考え方は、太子が講説したと伝えられている『法華経』や『勝曼経《しょうまんぎょう》』の中に顕著にみられる。『法華経』においては、小乗も大乗も同じく悟れるとする一乗思想が宣揚され、また『勝曼経』では、万人に仏性(仏の本質)が具わっているがゆえに、仏(真理を悟った者)となることが可能であると説かれる。つまり、太子は仏性思想、一乗思想に則って、教化可能性を主張しているのである。本章のテーマである「和」に即していえば、「和」の可能的根拠とは、万人に平等に仏性が具わっており、小乗も大乗も同じく悟れるという平等主義である。関係の結節点としての各存在者は、関係の全体をそれぞれが担うがゆえに平等であると言えるのだ。

以上のように、太子は仏教に依拠して、官人たちに「和」をはじめとする心得を説く。ここで重要なのは、太子において仏教への帰依が、決して現世否定へと直結しないことである。太子の死後に未亡人の発願によって作られた天寿国繡帳銘《てんじゅこくしゅうちょう》に、太子の言葉として「世間虚仮《せけんこけ》、唯仏是真《ゆいぶつぜしん》」とあることはよく知られてはいるが、この言葉は、単なる現世否定思想の現れとして解釈されてはならない。もちろん、もし「世間」（世俗世界）が「真」であったら、そもそも仏教に帰依する必要などはないのであり、世間が「虚仮」であり「無常」であるからこそ、真なるものが仏教に求められるのであるが、太子において、さらにいえば日本仏教の多くの場合において、このことは現世否定には結びつかない。すべてを相対化し、否定するとは、真実の現実の姿をみることであり、真なる教えである仏教に基づいて、もう一度現世が新たなものとして意味づけられる。つまり、「虚仮」であるはずの「世間」が、仏教の「縁起‐無自性‐空」の教えによって裏打ちされることによって、衆生を教化し、安楽を与えるべき場として、新たな相貌をもって肯定されてくるのである。

では、そこで達成するべき理想世界は、当時の日本の現実に即して、どのようなものと捉えられていたのだろうか。その具体的なありように関して、第三条では、「詔《みことのり》を承けては必ず謹め。君をば天とす。臣《やっこらま》をば地とす。天覆《おお》ひ地載するとき、四時順行して、万気《ばんき》通うことを得」（君主たる天皇の命令には謹んで従え。君主は天であり、臣下は地である。天が地を覆い、地が天を載せるとき、四季は正しくめぐり、生々の気が満ちるのである）と言われ、第四条では、「群卿百寮《まちぎみたちつかさづかさ》、礼を以て本と為《せ》よ。（中略）君臣礼有るときは、位の次《つぎて》乱れず。百姓礼有るときは、国家《あめのした》自ら治まる」（もろもろの役人たちは、礼に依拠せよ。（中略）主君と臣下との間に礼が存在するときには、秩序が保たれて乱れない。一人一人の国民が礼をもつならば、天下がおのずから治まる）と言われている。第三条からの引用にしても、第四条からの引用にしても、いずれも国家における秩序を維持し、秩序を支えるところの「礼」（制度、文物をも含む生活規範）を遵守すべきことを説いているのである。

そしてこのような「礼」によって、その秩序を支えられる国家について、太子は「公《おおやけ》」として捉える。たとえば第十五条には、「私を背いて公に向くは、是れ臣の道なり。凡そ人私有れば必ず恨《うらみ》有り、憾《うらみ》有れば必ず同《ととのお》らず。同らざれば則ち私を以て公を妨ぐ。憾起れば則ち制《ことわり》に違ひ法《のり》を害《やぶ》る」（私に背いて、公を志向することは、臣下としての正しいあり方である。おおよそ、人が私に固執すれば、それが通らない怨みを抱くことになる。怨みがあれば、共同性から離脱してしまう。そうなれば、私によって公を阻害することになる。怨みが起これば、制度や秩序を害するのである）とあり、自らの私情や私的利害を捨て、公に奉公する、すなわち国家のために尽くすことが官人としての正しいあり方であると主張される。私情や私的利害を優先する党派性は常に公共性や共同性からの逸脱であり、「恨」「憾」の発動を促してしまう。

このような観点から、当時の日本の統治者階級をみてみると、それは豪族がそれぞれに「私」を主張し合い、相争う状況として捉えられることになろう。そのような中で、『十七条憲法』は、党派性を捨てて従うべき「公」を提示することによって、官人相互間の「和」を根拠づけ、最終的には国家統一の達成をはかったのであり、しかもそれを、自己中心性からの脱却を説くとともに、普遍宗教であることにおいて部族的偏狭さを突破し得る仏教に依拠して成し遂げようとした。つまり、仏教の説く「無我」の教説に基づいたエゴイズムからの脱却と普遍的「法（仏教）」への帰依とが、部族的特殊性からの脱却と「普遍的国家」の理想の実現とに重ね合わされたということが言えよう。

（ここで、「普遍的国家」について付言しておこう。「普遍的国家」とは、部族的対立を超えて、政治的・軍事的に統一を達成した国家であるが、統一に当たっては、精神面での統一も重視された。すなわち、諸部族の対立を超えた精神的指導原理が要請されるのである。このような原理とされたのが、万人の普遍的な救済を旗印とした世界宗教〔普遍宗教〕である。世界宗教のもつ普遍性が、部族的特殊性を超えるにあたって有効であったのだ。中村元は、その著『普遍思想』〔『決定版中村元選集』別巻第二巻、春秋社、一九九九年〕の中で、「普遍的国家」を建設した代表的人物として、聖徳太子、アショーカ王、コンスタンティヌス大帝などをあげた。彼らは、それぞれに、仏教、キリスト教など、普遍宗教の擁護者であり、それを自らが建設した普遍的国家の指導原理とした。〕

そして、そのような公共的国家において、官人は為政の一端を担う者として、国家のため、民のために、互いに「和」しつつ、公益の増進を図らなければならない。第十六条では、民を使役する際には、農繁期を避け、農閑期に課するべきであるとして、官人の民への配慮を説く。太子のこのような民への配慮は、たとえば太子が建立したと伝えられる四天王寺に付設された、貧窮孤独の者のための施設である悲田院《ひでんいん》や、病人のための施薬院《せやくいん》、療病院《りょうびょういん》などに受け継がれていく。また、『法華義疏《ほっけぎしょ》』において、『法華経』安楽行品《あんらくぎょうほん》で「常に坐禅を行え」と勧めている箇所を、太子が「常に坐禅を行う人には近づくな」と読み替えて、利他行の意義を強調したことからもわかるように〔『法華義疏』下、岩波文庫、一九七五年、一九〇頁〕、太子は、民を菩薩の慈悲行の対象と考え、現実における実践を重んじたのである。

ここまで、「和国の教主」と呼ばれる聖徳太子が作ったとされる『十七条憲法』を手がかりとして、「和」の思想の日本における原初的なかたちを、そのめざすところも含めて概観した。太子の主張する「和」の精神とは、決して同調圧力への随順を意味するものではない。それは、どのような人間でも仏教によって教化可能であり、善へと導くことができるという平等主義を説く法華一乗思想や仏性思想、現実における利他行を尊ぶ実践主義、また「公」の思想に固く結びついていた。そして、「和」を支える究極的な根拠とは、「縁起-無自性-空」の教えである。眼前の他者と自己との結びつき（和）を根拠づけるのは、自他がはたらきかけ合いつつ互いを形成し合う（自他一如）次元である。現実における分節的秩序（礼）を「和」へともたらすのは、無分節の超越的次元であると考えられる。そしてこの「和」は、議論の場のようなコミュニケーションの力動的関係において、そのつど立ち現れるものなのである。

2 「わび茶」の系譜における「和」——「和敬清寂」

わび茶とは

日本における仏教精神に基づく「和」の思想の展開をたどる上で見逃すことのできないのは、茶の湯[*1]で重んじられた「和敬清寂《わけいせいじゃく》」である。この「和敬清寂」は、一般に利休の四規《しき》と呼ばれ、七則《しちそく》[*2]と並んで「わび茶[*3]」の精神を端的に表現したものと言われている（ただし、利休の茶の湯は「和敬清寂」

の精神に基づくものであると言えるが、この言葉自体は、江戸期以降に定式化されたと言われている）。

＊1　喫茶の習慣は中国から伝わってきた。茶の原産地は中国の雲南省と言われ、中国ではすでに漢代から喫茶が行われ、唐代には茶に関する百科全書とも言うべき『茶経』が隠逸の文人である陸羽（七三三―八〇四年）により書かれている。当時の茶は「団茶」と呼ばれる固形の茶を粉末にして塩とともに熱湯に入れ、かき混ぜて飲むものであった。この団茶法が日本に伝わったのは奈良時代と言われ、寺院の供茶や一部貴族の唐風の文人趣味として行われるようになった。『類聚国史《るいじゅうこくし》』によれば、弘仁六（八一五）年四月、嵯峨天皇に対して入唐僧で近江国梵釈寺住持であった永忠が呈茶をし、そこから喫茶の風が広がったとされている（新訂増補國史大系第五巻、吉川弘文館、一九六五年、一七三頁）。しかしその後、遣唐使の廃止による国風文化の展開の中で喫茶の習慣は衰えていった。鎌倉時代初期、栄西は入宋した当時、彼の地で流行していた抹茶法を日本に伝え、三代将軍実朝に『喫茶養生記』と茶を献じた。この中で栄西は、茶の薬用効果を強調しており、これをきっかけとして抹茶法は次第に普及していった。寺院では修行の際に睡魔と雑念を退けるために茶の需要があったのである。また、一二六七年、南浦紹明《なんぽしょうみょう》（大応国師）が宋より台子（茶碗、茶入れ、風炉、釜、水指など道具の一式を飾る棚）による茶礼を伝え、後には夢窓疎石《むそうそせき》もそれを受けて台子による茶礼をはじめるなど、禅院における茶礼が行われるようになった。同じく鎌倉時代には、律宗の僧の叡尊《えいそん》、忍性《にんしょう》らが、貧民や病弱の行路者に対して茶を施与して、彼らの身心の回復を図った。

このように寺院中心に広がった抹茶法は、南北朝期になると一般に普及しはじめる。その契機となったのは、宋代に行われた闘茶《とうちゃ》が日本にも伝えられ、大流行したことである。闘茶は南北朝時代から室町中期にかけて盛んに行われた。闘茶の際に、亭主は立派な座敷に中国から輸入した立派な諸道具（唐物《からもの》）や画を飾りつけ、客のために豪華な賞品を準備する。客たちは茶の産地をあてることを競い、会が終わると亭主と客とで宴会を催し、その際に賭博なども行われた。この闘茶の会は「茶寄合《ちゃよりあい》」とも呼ばれ、一面においては舶来の遊興、猥雑な宴会であったが、次第に美的に洗練され、精神性が求められるようになった。また、足利義政は多数の唐物を収集し、書院造りの座敷に集まって唐物を鑑賞しつつ、茶を服用する茶会を開催し、ここから「書院茶《しょいんちゃ》」が武士の文化として普及していった。そのような茶会では礼儀と道徳とが重視されるとともに亭主が茶を点《た》てて客に供する礼法が確立してきた。また、この時代になると禅宗寺院以外の寺院でも茶礼が行われるようになり、庶民の間でも茶寄合が盛んになった。そして、これらのさまざまな動きを踏まえて、室町時代末期から桃山時代にかけて、村田珠光《じゅこう》、武野紹鷗《じょうおう》、千利休らが輩出し（特に利休は堺の南宗寺《なんしゅうじ》やその本山の大徳寺で参禅するなど禅に傾倒し、禅の本来無一物の精神が「わび茶」の形成を促したとされる）、草庵の小座敷で質素な道具を用いる「わび茶」が確立した。

この流れから、江戸時代を通じてさまざまな流派が勃興した。家元制を確立するとともに、大名家とも結びついたこれらの流派における茶の湯は、煩瑣な形式主義、権威主義に流れる傾向が強く、その反動から、当時中国から伝えられた煎茶法（明代から行われる）が文人を中心に流行し、こちらも流派として定着するに至った。現在では、抹茶法、煎茶法ともに、多くの流派に分かれ、日本の伝統文化を代表する総合芸術として国際的にも注目を集めている。

＊2　一、茶は服のよきように点て、一、炭は湯の沸くように置き、一、冬は暖かく夏は涼しく、一、花は野にあるように入れ、一、刻限は早めに、一、降らずとも雨具の用意、一、相客に心せよの七項目である。

＊3　ただし、千利休自身の言葉には「わび茶」はみられず、その高弟であった山上宗二《やまのうえそうじ》が書き残した『山上宗二記』の中には、「侘数寄《わびずき》」の語がみえる。

「和敬清寂」の「和」を考えるにあたっては、「わび茶」とは何かを明らかにしておく必要がある。まず、そのことについて説明しておこう。

「わび茶」を考える上でもっとも重要な人物は、千利休である。利休は、足利将軍家を中心に盛んであったそれまでの「書院茶」を転換させ、「わび茶」を完成させた。足利時代を中心に流行した「書院茶」は、「闘茶《とうちゃ》」の系譜を引く遊興性の高いもので、中国大陸から渡ってきた高価な道具（唐物）を飾りつけ、立派な書院の中で茶を飲み、豪華な宴会を楽しむものであった。それに対して利休が確立した「わび茶」では、簡素で小さな草庵において、日常の雑器やありあわせの道具を使って茶事を営み、枯淡《こたん》の境地の実現を重視した。茶を点てて客にふるまう中に、自己の精神修養と他者との「一期一会」の出会いと精神的交流を求めるようになったのである。

さて、「わび茶」の「わび」とは「わぶ」という動詞に由来する。「わぶ」の原義は、「思うままにならない」ということで、そこから「心細く寂しく思う」、「落ちぶれてみすぼらしい様になる」、「思い嘆く」、「困って嘆願する」、「謝る」、「……しかねる」、「寂しく落ち着いた趣きがある」という意味が出てきたとされている。平安時代には、「わぶ」「わびし」は、「不足」「不本意」「貧」「辛い」「みすぼらしい」というようなネガティヴな意味で使われていたのだが、[*1]中世になって、この言葉はむしろ物質的には不足の簡素な生活の中に、物質には囚われない無限の精神的充実を見出す新たな美意識の台頭によって、積極的な意味で捉えられるようになった。[*2]それは、優雅華麗で満ち足りた宮廷生活の理想を中心に発達した平安朝とは異なる、新たな美意識と精神性の誕生であった。これらの動きの担い手となったのは、都から離れた山里に庵を結ぶ隠者たちであり、わび茶の成立もこの伝統を引いているということができよう。[*3]世俗から離れて草庵に集まり、和歌や連歌などの文学的な催しを楽しみ、また、浄土往生を念じた隠者たちの系譜に、千利休やその道の先覚者である村田珠光《じゅこう》らは位置づけることができる。室町時代に彼らによって、喫茶の作法の中に精神性や思想性が盛り込まれるようになったのである。

＊1　河野喜雄『わび・さび・しおり――その美学と語源的意味』（ぺりかん社、一九八二年）は、「わび」の語源は、長いものを丸くした「わ」で、体を丸くして鬱屈した姿勢を表し、そこからさまざまな語の意味が派生したと指摘している。

＊2　「わび」の美意識は、たとえば藤原俊成の余情体や、その子、定家の有心体などのような幽玄美や、世阿弥の能や心敬《しんけい》の連歌において重視された「冷え」「寂び」に通じる、豪奢華麗を嫌って簡素静寂、自然質朴を好む美意識である。これらは、盛りの花や満月よりも、枯れ野や雲間の月をより風情のあるものとして高く評価する美意識であり、また、「不足」「貧」であることの中に、人間としての限度の弁えと、人間的限界を超えた無限なるものへの敬意を示そうとする、ある種の宗教的な感覚であった。

＊3　たとえば、千利休の師が、従来考えられていたような武野紹鷗ではなく、辻玄哉《つじげんさい》であることなどを指摘し、初期茶道形成史研究に一石を投じた、神津朝夫『千利休の「わび」とは何か』（角川選書、二〇〇五年、のちに角川ソフィア文庫に収録、二〇一五年）では、利休の精神的源泉である村田珠光は、遁世の浄土僧であり、粗末なあばら家に住み、南無阿弥陀仏の一行書に花を供え、訪ねてきた客に自ら茶を点ててふるまったことから「わび茶」がはじまったと主張した。

「和敬清寂」の中の「和」

このようなわび茶の中の精神を端的に表すとされる「和敬清寂」について考えてみよう。まず「和敬清寂」という言葉は、一般に「和敬」と「清寂」とに分けて考えられている。「和敬」とは、茶会を主宰する亭主の心と、そこに招かれた客たちとの間の精神的な交流、それによって実現される和やかな調和であり（一座建立《いちざこんりゅう》）、互い同士が敬意をもって尊重し合い、茶事を行うことである。また、「清寂」とは、茶会の舞台となる茶室やその周りの庭である「露地」が清潔で、静かな雰囲気を醸し出すものであること、また茶会で使う諸道具も清潔で簡素な美が感じられるものであるということを表している。

もちろん、この「和敬清寂」は、「和」「敬」「清」「寂」のそれぞれが、茶の湯における別個の理想であるとともに、四つが互いに結びついて実現すべき一個の理想を表すとも言える。そして「和」すなわち調和は、茶事で用いる道具の取り合わせであることもあるし、「清寂」は、茶事を行う亭主と客との心構えであったりもする。中でも、本章のテーマである「和」は、「和敬清寂」の筆頭にあげられており、この四つの徳目を代表するものとなっている。ここでは、「和」に特に注目して検討してみる。

最初に、議論の前提になる茶会の進行について簡単に確認しておきたい。まず、利休をはじめとする茶人たちは互いに茶会を開いて互いを招き合い、もてなし合っている。もちろん、そこには経済的実力によって社会的地位を向上させつつあった京都・奈良・堺の豪商たちや戦国武将らの、情報交換と人脈作りの場という意味も含まれてはいたが、それと同時に彼ら茶人たちは、茶会を通じて美意識を磨き合うとともに、俗世間から離れた小さな茶室の中で心を通わせ、一つの理想的な世界を、すなわちあらゆるものが所を得て調和に達した「和」の世界を実現させようとした。

亭主は茶会開催にあたっては、まず客の顔ぶれを吟味する。客同士がうまく調和するかどうかをまず考えるのである。そして当日は、茶室はもとより露地（庭）に至るまで丁寧に掃除をして清らかに調え、茶室の床の間には、その日の茶会のテーマに因んだ掛け軸をかけたり、または、野の花や庭の花を飾ったりする。花は豪華なもの、珍しいものではなくて、ごくありふれた花（開花しているものではなく、蕾が好まれた）をほんの少しだけ生け、その器としては、立派な唐物ではなく、自ら竹で作った筒の花入れが使われたりもした。* 書院茶においては豪華な唐物の道具を用いたが、利休は日常雑器の茶碗を使ったり、また自ら黒楽茶碗を焼かせたりもした。そして、茶会に使われる諸道具、たとえば水指、茶入、茶碗、茶杓《ちゃしゃく》などの取り合わせにもまた、調和が重視された。

露地に設けられた蹲踞《つくばい》（手水鉢）で手や口を浄めてから茶室に入るが、その際に使われるのが躙口《にじりぐち》である。躙口は、高さ二尺二寸（約六十六センチ）、はば二尺一寸（約六十三センチ）の小さな出入口であり、利休が漁民の家の出入口を見て考案したものと言われている。茶会の際には、どのように身分の高い客であろうとも、身を屈め、頭を低くして、この躙口から出入りすることになっている。また、躙口から入る前には、武士であったとしても腰の刀を外して、そばに設置された刀掛に置くことになっていた。これは、茶室の空間には世俗の身分や立場を持ち込まないということを示している。

この意味で、茶室とはまさに「無差別《むしゃべつ》」が保たれた世界であり、そこには特有の平等主義があったと言うことができる。茶室は、街中（世俗）にあって、街中を離れた「市中の山居」であり、まさに別天地として世俗を超越した世界であった。そしてその中では、世俗の秩序がいったん無化され、平等で調和した世界が出現するのである。

＊ 現在、東京国立博物館に収蔵されている「園城寺《おんじょうじ》」の銘をもつ竹の花入れは、利休が秀吉の小田原攻めに茶頭（茶堂）として同行した際に、伊豆韮山の竹を使って自ら細工して作ったもののうちの一つと伝えられている。またこの花入れは水がもったが、利休はもるところがいいと言ったと伝えられている。このように、舶来の唐物の花入れとは対照的な竹の花入れは、簡素自然を尊ぶ利休の美意識を伝えている。

さて、躙口から入った客たちは、座敷に並んで座る。座敷は四畳半以下の小間《こま》のものを利休は好み、その小さな親密な空間を主客はともにする。[＊1] 並んで座る客たちに対して、亭主は点前《てまえ》に使う道具を一つ一つ運び出し配置し、茶を点《た》てる。台子を使った書院茶では広く立派な座敷に、高価な唐物の道具を飾った台子を置き、その前で茶を点てたり、別室で点てられた茶が運ばれたりしたが、利休の確立した茶の湯においては、亭主自らが道具を運び出し、茶を点てる。ここでは、主役が道具から亭主へと、さらに言うならば亭主と客との繋がり（和）へと重点が変化しているのである。[＊2]

茶には濃茶と薄茶があるが、特に濃茶は、亭主が練った一椀の茶を客たちがみなで飲み回すことになっており、茶室空間における連帯性を高めるものになっている。たとえば、利休が考案した黒楽茶碗に一人あたり茶杓で三杯ずつすくい入れた濃緑色の抹茶に、亭主は少量の湯を注ぎ茶筅《ちゃせん》で練る。客たちは亭主の点前を見詰め、亭主は客のために一椀の茶に心を込める。一椀の茶がこの狭い茶室の空間の中心となり、亭主も客もその中心に繋がることによって一つになる。[*3] 一椀の茶を中心とした小宇宙が出現すると言ってもいいだろう。

＊1　正式な茶事は以下のような流れになる。まず、露地の客を亭主が迎えにいき、客は手水を使ってから入室する。そこで亭主は炉の炭を直す（初炭）。続いて客は、亭主がもてなす会席（懐石）と呼ばれる料理と生菓子をいただき、その後、いったん茶室を出て露地に退出する（中立ち）。用意が整えられると茶室に戻り、濃茶を飲み回しする。亭主は再び炉中を改め（後炭）、最後に客のそれぞれが薄茶をいただき、退出し、茶事が終了する。中立ちの前を初座と言い、その後を後座と言う。茶事は多岐にわたるので、煩瑣を避け、本文では特に濃茶に焦点をあてて考察した。

＊2　前掲の神津朝夫『千利休の「わび」とは何か』（一二五―一三〇頁）では、茶会記の分析から利休の茶の湯の特徴は、台子点前のように道具を飾りつけておく点前とは対照的な、運び点前を多用した点にあるとし、それは名物などの道具を使用しない、利休特有の「わび茶」の美意識に基づくものであると指摘する。神津は「台子が茶入れ・茶碗（天目）をはじめとする茶道具を台子や床にあらかじめ飾っておき、その道具を使って茶を点てる点前であるのに対し、運び点前はそうした茶道具を飾らず、それを持ち出すところから点前をはじめる。茶を点てることを主とし、そのための手段にすぎない道具を従とする点前である」（一二七頁）と指摘した上で、「運び点前を広めたことは、利休の行ったもっとも重要な茶の湯点前の改革」（一二九頁）であると結論づける。

＊3　亭主と客との関係についての哲学的考察としては、幸津國生『茶道と日常生活の美学』（花伝社、二〇

〇三年）があり、本論考では、特にこの書のⅡ「茶の湯の意味」を参考にした。幸津は、茶道の自他関係として、自由、平等、同胞精神を見出し、それは人権尊重思想にも通じるものであると指摘する。

まず、亭主が濃茶を練り上げ、その茶会における第一の客である正客《しょうきゃく》にその茶碗を出し、正客はそれをいただく。正客は自分が飲んだ飲み口を拭い浄め、飲み口を向こうに回して次客に茶碗を手渡す。次客は飲み口を再び回して自分も濃茶を飲むので、結局は正客と同じ場所から飲むことになる。次客も自分の飲み口を拭い浄める。同様に三客以降に濃茶椀を回していく。このように連客たちは、一椀の濃茶を同じ飲み口から飲み回すのである。（楽茶椀には、飲みやすいように口作りをわざとへこませた場所があり、魚が旧道を忘れないことから魚道《ぎょどう》と言われる。）このような飲み回しは「吸茶《すいちゃ》」と言われ、利休がはじめたことである。

このよう連客の飲み回しを通じて、その場の連帯感が強められる。茶の湯の源流には仏に茶を捧げる寺院における宗教的儀礼があるが、古代以来、宗教的な儀礼においては、神に酒などの飲料を捧げ、それを儀礼の参加者がともに喫することによって神の力に与るとともに、儀礼集団の連帯を強化するということが行われてきた。濃茶の回し飲みにはそのように古代の宗教儀礼以来の、超越的な次元を介しての人と人とのつながりの強化という効果が、潜在的には期待されていると言うことができるのではないか。茶の湯のこのような側面について、西洋とは異なる東洋の思想や美意識を世界に広く紹介した岡倉天心『茶の本』は、「その飲料は純粋と精巧に対する崇拝の口実となり、主人と客が一緒になって、この折に現世の無上の幸福を作り出す神聖な役割を果たすものとなった」と述べている

（岡倉天心『英文収録　茶の本』桶谷秀昭訳、講談社学術文庫、一九九四年、三五頁参照）。それでは、茶の湯における超越性とは何を意味するのであろうか。この問題については本章の最後において考察することにしよう。

　ところで、このような亭主と客との一体性について、たとえば利休の高弟であった山上宗二《やまのうえそうじ》は、「客人ぶり（客人振。客としての心がまえ、態度）事、一座の建立《こんりゅう》に在り。条々蜜（密）伝多き也。（中略）第一、朝夕の寄合《よりあ》間《い》なりとも、道具びら（披）き（秘蔵道具を初めて来客に披露する茶会）、亦は、口切（口切の茶会）は云うに及ばず、常の茶の湯なりとも、路地へ入るより出るまで、一期に一度の会（一期一会。生涯にたった一度きりの茶会）のように、亭主を敬畏すべし。世間雑談、無用也*」と書き残している。

＊『日本の茶書』一（林屋辰三郎他編注、平凡社東洋文庫、一九七一年、二四〇頁）参照。なお、山上宗二（一五四四―九〇年）は、その師である千利休と同様に、堺の商家に生まれ、茶頭として秀吉に仕えたが、師に先立って秀吉の勘気を蒙って斬刑に処せられたと伝えられる。『山上宗二記』は、利休の一番弟子として、伝えられた茶の湯の奥義を書き記した茶道秘伝書であり、茶の湯についてまとまった文章を残さなかった利休の茶の内実と精神とを理解するための必須の書となっている。

「一座建立」とは、本来は、能楽の一座が新たに興行を起こすことで、座員の技量によって興行が成功することを意味していたが、その言葉が茶の湯に取り入れられると、亭主と客とが一つになって充実した空間を創出することを指すようになった。利休の一番弟子である山上宗二は、「一座建立」

に関連して、「一期一会」に言及する。「一期一会」とは、茶会において作り出す自他の合一した充実した世界（「和」の実現した世界）は、「今、ここ」にしか成立しないということを含意している。それは亭主と客とが、「今、ここ」こそが、刻々と過ぎ去る無常の世界の中にあって、かけがえのない「永遠の今」であることを認識することによってはじめて可能になる世界であるとも言えよう。

　このような一期一会における、亭主と客たちとの個々の心のあり方については、村田珠光が「我慢我執を捨てよ」と述べていることは注目される。利休が「わび茶」の祖として尊敬していたと伝えられる村田珠光は、弟子に宛てた「古市播磨《ふるいちはりま》宛一紙《あていっし》」（いわゆる「心の文」、もしくは「珠光茶道秘伝書」と呼ばれる）の中で、「此道、第一わろき事ハ、心のかまんかしゃう（我慢我執）也、こふ（巧）者をはそねミ、初心の者をハ見くたす事、一段無勿躰《もったい》事共也」、「心の師とハなれ、心を師とせされ、と古人もいわれし也」と述べ、「わび茶」にとってもっとも望ましくない態度は「我慢我執」であると、自らの心を浄化することを主張し、「心を師とせず、心の師となれ」と言っている（前掲『日本の茶書』一、三四―三五頁）。つまり、茶道がめざす世界を打ち立てるためには、我執を取り去ることが必要であり、これは「和」をめざす心と言える。

　人間の日常の世界は、我慢我執によって成り立っていると言ってもいい。特に、利休が生きた安土桃山時代は、武将たちが血で血を洗うような権力闘争を繰り広げていた。そのような修羅の巷にあって、「和」とは、すでにある実体化された共同性ではなくて、茶室につどう人々それぞれが、それぞれの立場において「我慢我執」を取り去ることによって、「一期一会」に現出する共同性であり、その一期一会における共同性とは、言うなれば「永遠」に繋がるようなものである。

つまり、「和」とは、何かある既存の場に対して、個を無私の精神で随順させるというようなものではない。それは、自己が世俗の世界において、個体として他と対峙するその厳しさを「和らげ」、他と対立するのではなく、協調し、自らを生かし、他者をも生かす世界（自他一如）――これは大乗仏教が日本人に教えたものであるが――、このような世界を生み出すための理想であり、徳目である。「和」の実現のために、各人は、自己が他者を手段的なものとして捉えるような、あるいは自他の二元対立のみに終始するような「我慢我執」を乗り越えていこうとするのである。

以上を踏まえるならば、「和」を単なる付和雷同的な「仲良し」「同調」「随順」とだけみて、それを個性発揮と対立するものと捉えるような、昨今の「和」の精神をめぐる議論は一面的であり、また「和」の表面的な理解にしか達していないと言えるだろう。

「和敬清寂」の「和」の超越性について

さて、本節の締めくくりとして、このような自他一如が超越的な世界に支えられているという前述の問題について改めて考えてみよう。

茶室という空間のうちでももっとも神聖な空間は、床の間である。床の間は一段高くなっており、特別な木で作られた床柱が立てられている。床框《とこがまち》（床の間の前端部に設けられた横木）によって結界が張られており、その中には亭主も客も足を踏み入れることはできない。この床の間は、本来は、仏画を壁にかけ、その前に卓《しょく》（前机）を据え、その上に仏を供養するための三具足（香炉・花瓶・燭台）

を置くための空間であった。茶の湯の源流の一つは、確実に仏前に捧げる茶であったのだ。しかし、その後の茶の湯の展開の中で、床の間は、元来の神聖性を潜在的に保ちつつも、唐物などの名物の茶道具や舶来の美術品を飾る場所へと変化していった。しかし、「わび茶」の利休において、床の間という空間も大きく変化を遂げる。茶室それ自体が、四畳半から三畳、二畳半、二畳、一畳半と空間がより緊密化していくにつれて、床の間も様変わりしていく。高さは普通の畳と同じになり、踏込床《ふみこみどこ》という点前畳《てまえだたみ》や客畳と同じ高さで一続きになった、板でできた床の板に変化し、床柱も立派な銘木ではなくて、皮つきの丸太が使われるようになった。そして、床の間の飾りも、利休の場合は掛け軸ではなくて、花入れに生けた茶花が好んで飾られるようになった。*

＊　利休の茶会記を分析して、神津朝夫は床に舶来の「唐絵」をかけないことを利休の特徴としてあげる（神津、前掲書、一二七頁）。また、同じく神津が、利休周辺の茶人の茶会記に基づいて作った「利休茶会一覧表」（同書、一一二―一一七頁）によれば、全部で五十八回の茶会のうち、床に花を飾ったのは、永禄三（一五六〇）年十二月六日水仙、永禄九（一五六六）年十月十八日水仙、天正五（一五七七）年十月三十日梅、天正七（一五七九）年一月二十六日柳、天正八（一五八〇）年十二月九日白梅、天正十三（一五八五）年一月三十日梅、天正十五（一五八七）年一月五日根松、同年一月十二日白梅、同年六月十四日薄、盆母花、天正十八（一五九〇）年九月十日尾車花となっている。また、花を生けず、水だけを入れた花入れを置くこともあった（永禄五（一五六二）年五月二十七日、永禄十（一五六七）年十二月二十六日、永禄十二（一五六九）年十一月二十三日、元亀二（一五七一）年十二月一日）。花については、山上宗二が書き残した『山上宗二記』にも季節の花があげられており、また、利休は床の壁に中釘（花入釘）を打って、そこに花入

れをかける趣向をはじめたと言われ、花を竹の筒や籠に生けることを好み、また「園城寺」の花入れのように自ら竹を細工して花入れを作ったりもした。これらのことから、利休が茶室に花を生けることに積極的であったことがわかる。（ただし、前述の神津は、これらの茶会記に基づいて考えれば、利休は床の間に何も置かないことが多かったのではないかと指摘している（同書、一二六頁）。利休が床に花入れを飾った頻度がどのぐらいだったのか、またそこにどのような意味をもたせていたのかについては、茶会記以外の事跡や記録も参考にしつつ総合的に考える必要があろう。）

この茶花に関しては、『茶話指月集』（前掲『日本の茶書』二、二五頁）をはじめ諸書に収められた「朝顔の茶会」と呼ばれる、よく知られた興味深いエピソードがあるので紹介したい。

利休の家の露地（庭）に朝顔が見事に咲いているという評判を聞いた秀吉は、それを見たいと思い、利休に朝の茶の湯を申し入れた。当日の朝、秀吉が利休の庭に行ってみると朝顔は刈られて何もなく、茶室の床の間に、ただ一輪だけ見事な朝顔が生けてあった。

神聖な床の間にただ一輪だけ生けられた朝顔は、庭のすべての朝顔を代表するものであるし、また露地（庭）のすべて、さらにいえば、全自然、宇宙のエネルギーの精髄を象徴するものである。その一輪のはかない命しかもたない花に、自然と宇宙の力が込められ、その花を飾った茶室という空間は、まさにその一輪の花から放射される力が静かに満ち溢れる空間となる。わび茶の「わび」は「不十分」

「貧」を表すと前述したが、極端に切り詰め、極小へと集約することによってかえって、その極小にまで圧縮されたエネルギーが全体へと限りなく広がっていくという構造がここでは暗示されている。わずか一畳半の茶室における自他の「和」を支えているのは、このような力動的かつ超越的な次元であると言うことができよう。

この「和」を支える超越性に関して、久松真一の議論を参照してみよう。西田幾多郎に学んだ宗教哲学者であり、独自の茶道哲学を築き上げた久松真一[*1]は、茶道の究極の目的は「禅の修行」を通じての人間形成であり、それは根源的かつ活動的な「無相の自己[*2]」それ自身の表現であり、自覚的形成であるとした。そして、型通りの点前の稽古を繰り返すことによって最後には法則における自由を得、法則を自由に創造する主体となれると主張した。[*3]そして、このような考え方に基づいて、「和敬清寂」という論文[*4]において、「和」「敬」「清」「寂」のそれぞれは、「根本玄旨《こんぽんげんし》」たる「無相の自己」の「最初の必然的な自己限定」であり、それは一般に考えられているような、単なる客と亭主との和合、お互いへの敬意、心を清く静かに保つことであるとの理解にのみ終始するのではなく、人間の根源的主体性である「無」の表現であると理解すべきだと述べた。それらは、自己、世界、事物事象（「事物人境」）の根源にある「無」が現れたものであるがゆえに、一つが「和敬清寂」であるためには、他のあらゆるものも「和敬清寂」でなければならないし、また「和」が成り立つときに「敬」も「清」も「寂」もみな、同時に成立して「一如《いちにょ》」であると言う。

＊1　近代日本の代表的な宗教哲学者である久松真一（一八八九―一九八〇年）は、京都帝国大学哲学科に

おける西田幾多郎の最初期の弟子である。大学在学中に知的には解決されない自己とは何かという問題に悩み、西田に紹介されて妙心寺僧堂師家、池上湘山老師に参じ、「無相の自己」に目覚めるという体験をする。西田に対しては生涯尊敬の念をもち続けた。その後、妙心寺春光院に住し、臨済宗大学教授、龍谷大学教授を歴任し、昭和十二（一九三七）年には京都帝国大学助教授に転じる。昭和十四（一九三九）年に主著『東洋的無』を発刊、昭和十六（一九四一）年には、茶道による人間形成を目的として京都大学において「心茶会」を創設し、昭和十九（一九四四）年には、同じく京都大学に学生のための禅の修行道場である「京都大学学道道場」を創立した。この道場は、その後、「FAS協会」と名を改める。「FAS」とは、Formless self（無相の自己）に目覚め、Allmankind（全人類）のために、Superhistorical history（歴史を超えて歴史を創る）を意味し、久松の理想の略称である。昭和二十一（一九四六）年に京都大学教授（仏教学）に就任し、西洋近代の理性の立場を超えた、「根源的自己」への目覚めを中軸に、独自の宗教哲学を禅に基づいて展開した。また、それと同時に、「心茶会」や、「FAS協会」の指導にも当たった。定年後は、ハーバード大学の客員教授となって禅思想を講義したり、ヨーロッパに渡ってハイデガーやユングとも対話をしたりするなど、禅思想や東洋哲学の普及に努め、禅思想に基づいた独自の茶道哲学を確立した。

＊2　「無相の自己」とは、「無的主体」とも言われ、不断にかたちとして現れてくる現象の、その根源にある無限定な活物的真理そのものを指す。この主体の表現が茶道というかたちであり、そのかたちは、文化的・宗教的・美的・倫理的に統一的な一大体系をなしていると同時に、「人間の生活体系の典型の世界」である、と久松は指摘する。

＊3　久松の茶道論については『久松真一著作集増補版』第四巻、法蔵館、一九九四年参照。たとえば久松は、「日本茶道の根本義、奥義、すなわち茶道の玄旨は、何よりもまず禅法であり、人間の究極の道としての菩

提であり、全人的な人間の玄旨であり、真心であることを指摘しうる」（同書、一五四頁）と言う。

＊4　前掲『久松真一著作集』第四巻、一六六―一七七頁を参照。

久松は、特に「和」に関しては、「「和」に即してみるに、和とは普通にはものとものとが和するということであるが、そのような和合の根源には一というものがなければならない」と指摘し、その上でこの「一」について、「一切の和の根源であるとともに敬清寂の根源」である「絶対一」「絶対統一」とする。

また、久松は、「ふつうの和はいまだ現象的な和にすぎぬのであって、和といっても常に不和によって脅かされていて永遠性がない」けれども、この根源的な「和」、つまり勝義の「和」は、「永劫に不和とならない本体的和」、「一切の対立、差別を絶した平等」であり、「「一は万物の本なり」とか、「一切即一」とか、「万法一に帰す」というばあいの一である」（前掲『久松真一著作集』第四巻、一七三頁）と述べている。つまり、久松の考える真の「和」というのは、ただ表面的に和合しているかどうかということではなくて、「根源的一」において、あらゆるものが統合されているかどうかという問題だというのである。

久松は、「茶禅一味《ちゃぜんいちみ》」を主張し、「茶道とは、仏教の根源を和敬清寂という四諦《したい》によって表現するとともに、表現されたものを通じてその根源へ導きかえすものにほかならない」（同書、一七六頁）と言い、さらに「茶道を修することが仏法を習うということにも、また自己を習うということにもなる」（同書、一七七頁）と述べている。茶道とは禅の修行そのものであり、点前の稽古によって、あらゆるものが繋がり合ってはたらき合っている「根源的一」の次元が露わになるというのである。禅宗には、伝統的に、坐禅を通じて「さとり」を開くことをめざすとともに、日常生活のありとあらゆる行いは、みな修行上のそれであるという考え方がある。それは「平常心是道」と言われるように、日常の喫粥喫飯《きっしゅくきっぱん》の行いは、単なる栄養摂取などではなくて、そのようなありふれた一つ一つの行いこそが、仏道修行であり、「さとり」を現すものだという考え方である。飲み物を飲むというもっとも人間にとって基本的な行いの中に、実は「さとり」が込められていると言うのである。このような久松の指摘は、個々の人間同士の「和」が成り立つための、超越的なる次元を示していると言えよう。

ここまで、「和を以て貴しと為」と、「わび茶」の「和敬清寂」の「和」について考察してきた。これを通じて、昨今ともすれば同調圧力として否定的言及ばかりが目立っている「和」の精神の潜在的可能性が明らかになったのではないだろうか。「和」の精神とは、決して単に、既存の集団に対して何ら疑問をもたず、何の異論も唱えずに従うような態度を良しとするものではなかった。それは、議論によって現れてくる繋がりであり、また根源的かつ超越的次元によって支えられて、そのつどそのつど、「今、ここ」において立ち現れる連帯性と調和なのであった。

第四章

徳という思想

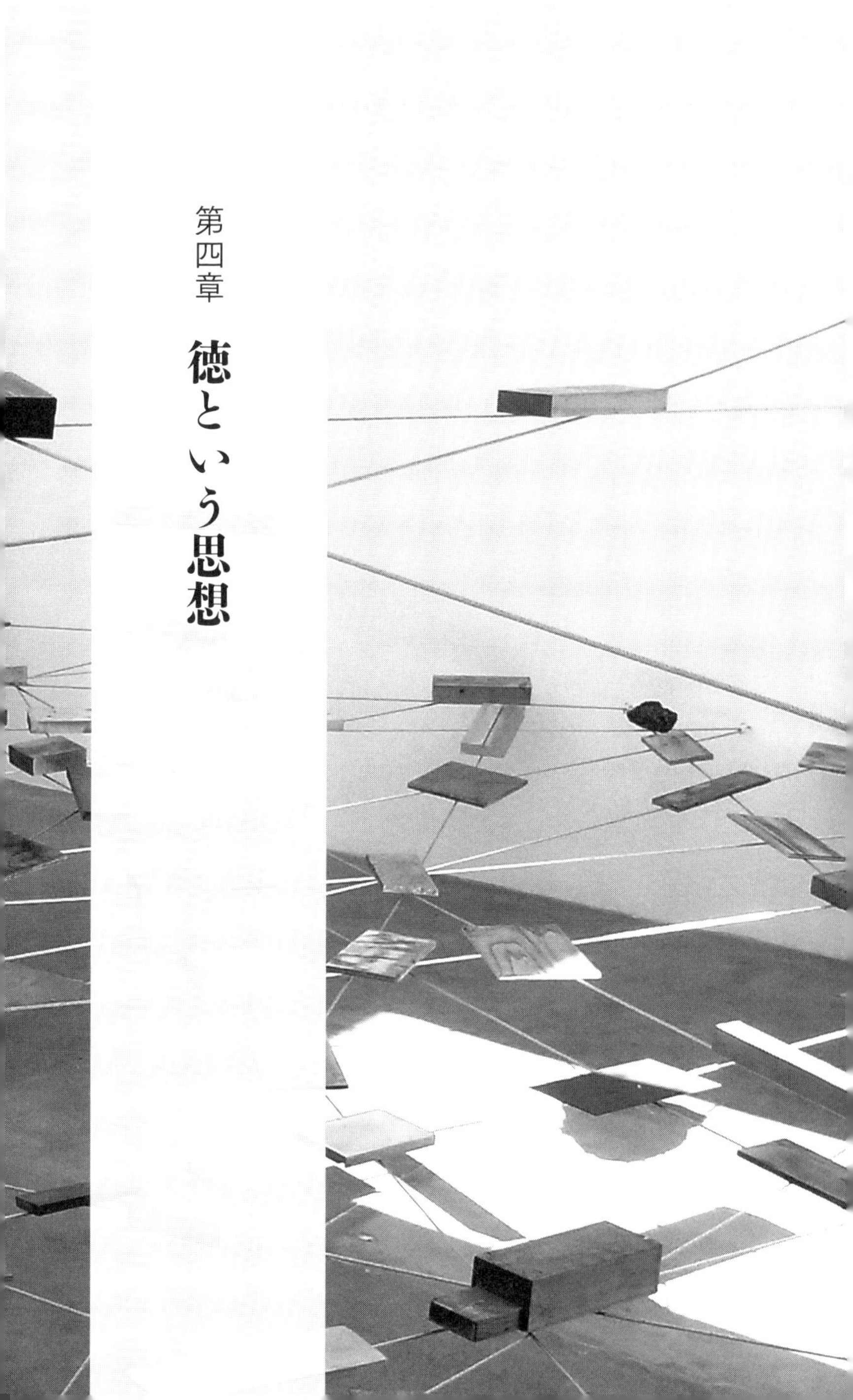

1　漢訳経典における「徳」

漢字の「徳」の意味と語源

日本仏教における「徳」の問題を考えるにあたって、まずこの「徳」という言葉の検討からはじめたい。周知のように、日本仏教は中国仏教の影響下で発展し、とりわけ漢訳経典から多くを吸収した。漢訳経典には、「徳」をはじめ、「功徳《くどく》」「徳田《とくでん》」「福徳」など「徳」に関連した言葉が散見する。そこでまず、漢語としての「徳」のもつ意味について確認しておこう。

「徳」は、中国の思想の中核をなす重要な概念の一つである。中国語の「徳」という語には、本性、道徳、恩恵、利益など多様な用法があるが、ことに思想の歴史ということでみれば、「徳」について議論する際には、『礼記《らいき》』楽記篇の「徳は得《とく》なり」という言葉が、標準的解釈として前提されてきた。「得」すなわち「身に得る」という言葉によく現れているように、「徳」とは、個々人がその身に具えている品格であり、また善を行う道徳的能力であると考えられてきたのである。

「徳」を、個々人が具えている道徳的能力として捉えることは、現代日本人の語感にもそったものである。現代日本で「徳」と言うと、善い行いをする能力や人格として理解されるのが一般的であろう。共同体において望ましいものとして共有されているさまざまな徳目（一例を挙げれば、正直、勤勉、寛大など）を、個人が修養によって身につけると捉えられているのである。

さて、藤堂明保『漢字語源辞典』（学燈社、一九六五年）では、「徳」という漢字の成り立ちについて、原字（もとになった字）である「悳《とく》」に基づいて説明されている。「悳」とは「直＋心」であり、「本性のままの素直でまっすぐな心」（良心）であると言う。「徳」はそれに行為を意味する「彳《てき》」がついたものであるから、「行為にあたっての素直でまっすぐな心」、「まっすぐな行為（直行）」となる。素直でまっすぐな心で人間としての道を受けとめ、善行をなすというのである。このような語源的解釈も、前述の「徳＝個々人がその内面において培うべき善行をなす能力」という解釈を裏づけるものと考えられよう。

中国の思想史における「徳」論に関連して注目されるのは、それが特に為政者の具えるべきものとされたということである。たとえば、『論語』為政篇においては、「これを導くに徳をもってす」と言われ、多くの星が北極星に向かって挨拶し帰順するように、君子たるものは統治に当たっては、「徳」すなわち君子が内面に具えるべき人格的能力によって自然に人民を感化し帰順させるべきであるとされた。これを「徳治」「徳化」と言い、刑罰によって脅し法律によって規制する「法治」と対照させる。

このように、「徳」については、個人の内面にある道徳的能力と考えるのが一般的である。しかし、「徳」は、個人に内在する道徳的能力と、それによって具現した善行と理解するだけでは十分とは言えない。たとえば、徳の語源としては、近年、白川静が興味深い指摘を行っている（白川静『字通』

平凡社、一九九六年)。白川の所説によれば、甲骨文字などを手がかりとして、「徳」の字の成り立ちを考えてみると、「心」はあとから付け加えられたものであり、もとは「彳」(道)と呪飾を施した呪眼である「」からなる。「徳」の字の初形は、「省」の字と極めて近く、これも呪飾を施した眼を意味するという。古代においては、目に呪飾を施すことは、仮面をかぶることと同様に、神として臨むことを意味していた。そして、道を意味する「彳」が使われていることから、「徳」という字は、本来神の空間である道を、神として巡行し、省道(除道ともいう。悪霊を制圧して混沌に秩序を与えること)する様子を表しているという。

つまり、文字の成り立ちから言うならば、「徳」とはもともとは神の力であり、呪飾によって神に扮し神と一体化したシャーマンが、神から分与された神聖な力なのである。古代においては、シャーマンは祭政を司る神聖王であり、神として神聖な力を行使する共同体の指導者であった。つまり本来、「徳」とは、万人に与えられるようなものではなくて、王にのみ「正徳」というかたちで与えられるものであり、その力によって王は統治を行う。天から付託された「徳」を広く施すことによって、世の秩序は安定すると考えられていたのである。

しかし、時代が下り、春秋時代になると、祭祀の力によって人々を治めるシャーマン王ではなく、天命を付託された有徳の王による治世という観念が優勢になってくる。それにつれて「徳」は、呪術的な超越的力ではなく、人間が道理を修得することによって養うことのできる道徳的能力と捉えられるようになっていった。さらに「徳」は、本来は王において問題となるものであったが、ここに至って、道徳的人格一般の陶冶ということが問題にされるようになった。「徳」は、個人の主体的な心に宿り、人格の内容をなすものとされたのである。前述した白川静による、「徳」の原型には「心」はついていなかったという指摘は、この事情を物語る。後世、「徳」が個人の心について言われるようになったので、「心」の字が付け足された、と考えられるのである。

このように、漢語の「徳」の用法としては、個人の内面に宿る道徳性という意味が優勢になっていったが、神の力、はたらきという用法がまったくなくなってしまったわけではないことには留意すべきであろう。たとえば、『礼記』月令篇の「某日立春、盛徳は木に在り（某日は立春で、天の化育の盛徳は木の位にある〔立春に先立ち大史が天子に告げる言葉〕）」（『礼記』上巻、新釈漢文大系、明治書院、一九七一年、二二八頁）や、『荘子』天地篇の「天地を通ずる者は、徳なり（天地を貫いているのは生々化育の徳である）」（『荘子』同大系、一九六七年、三六四頁）という一節などは、万物を成長させ、世界を成り立たせている力というものを前提としている。これらは、人為を超えた超越的にして根源的な力であるという点で、「徳」の字の原初的な用法をとどめていると言うことができるだろう。

仏教と「徳」

このように、中国思想史においては、「徳」の意味の変遷があった。ここで、漢訳経典における「徳」という問題に立ち戻って考えてみよう。漢訳経典は、サンスクリット語経典を翻訳して成立している。サンスクリット語とは、古代インドの雅語、文章語であり、大乗仏教の経典は、サンスクリット語で書かれた。インドから中国に、紀元前後に仏教が伝わって以来、多くのサンスクリット語の経典が中国にもたらされ、漢訳された。漢訳経典において「徳」と翻訳された主なサンスクリット語を調べてみると、まず、グナ（guṇa）があり、さらに、プニャ（puṇya）があることがわかる。グナとは多義的な言葉であるが、基本的には「性質」を意味し、とりわけ美質について言う。プニャは、善行とそれによって得られる福利を意味し、「福徳」とも訳される。

グナにしてもプニャにしても、基本的には個々人の人格や能力について用いられた言葉であり、その意味で、漢語の「徳」に翻訳されたことは首肯できる。ただ、グナやプニャにも、「神の力、はたらき」に通じる側面がなかったわけではない。グナやプニャは、第一義的には、衆生《しゅじょう》の側が、解脱や救済を求めて行う各種の宗教的実践、またその実践を行うための能力や人格を意味するのであるが、さらにそのような実践によってもたらされる恵み、また仏のもつ力などもあわせて意味した。これは、漢語の「徳」が、個人的な能力、人格を意味すると同時に、超越的な力のはたらきをも意味していたのに類似している。この意味で、グナやプニャの訳語に「徳」があてられたということは、適切であったと言うことができる。

さて、漢訳経典の「徳」の原語であるグナやプニャは、「功徳」と漢訳されることも多い。「徳」という言葉が、儒教思想の中で重要概念とされた、儒教と深く結びついた言葉であったので、内包と外延とをほぼ同じくする言葉ではあるが、仏教的文脈では、「徳」よりもむしろ「功徳」の方がよく使用されることになったのである。「功徳」とは、もともとの漢語としては、「手柄と徳の高い行い」という意味である。漢訳仏典においても、「功徳」は、布施《ふせ》や持戒《じかい》などのような宗教的実践によって善根を積むこと、またそれにより具わった徳性を意味するが、それだけにはとどまらない。漢訳仏典における「功徳」は、仏の超越的な力、はたらきをも表す言葉として用いられるようになる。仏は、その前身の菩薩であったとき、自利利他《じりりた》の菩薩行《ぼさつぎょう》をなして「功徳」を積み、さらに仏としても無限の「功徳」を具え、それを衆生にさし廻《めぐ》らし施す（回向《えこう》）と考えられた。それゆえに、仏がもたらす恵み、すなわち与えられる側からは超越的なはたらきとして受け取られる力をも、「功徳」と呼ぶようになったのである。

このように、漢訳経典における「グナ」「プニヤ」の翻訳にあたっては、漢語にあっては、まったくなくなってしまったわけではないが、後景に退いた感がある、世界を成り立たせる「神聖な力」という「徳」の語感が、「功徳」という翻訳語において生かされていることは注目すべきであると思われる。「徳」とは、個人的なものと一般的には考えられがちであるが、実は古代の語源に遡るならば、むしろ超越的なものの力とはたらきとを意味していたのである。漢訳経典の「功徳」という言葉も、この超越的力という用法を踏襲しているのである。

次節では、このような漢訳仏典における「徳」の用法を受け継いだ日本仏教において、どのような「徳」概念の受容と展開がみられたのかを考えてみよう。

2 『日本霊異記』における「徳」

日本古代における「徳」

古代の日本に中国から漢字文献がもたらされたのは、記録によれば応神天皇年間のことであると言われている。その後、漢字を使って書かれた文献として日本最古の『古事記』『日本書紀』などにも「徳」という字は散見する。

たとえば、『古事記』序では、天武天皇や元明天皇の治世について賞賛するに当たって、それが天皇の具える「徳」によるものであると褒め称える。天武天皇については、「道は軒后《けんこう》に軼《す》ぎ、徳は周王に跨《こ》えたまひき。乾符《けんぷ》を握りて六合《りくごう》を摠《す》べ、天統を得て八荒《はっこう》を包《か》ねたまひき（〔天武天皇は〕その政道は中国古代の伝説的帝王である黄帝にすぐれ、徳は周の文王を超えなさった。三種の神器によって国を治め、天孫の家系によって天下を統一なさった）」（前掲『古事記・祝詞』四五頁）と言われる。ここで言う「徳」とは、天子がもつべき治世に必要な能力を意味する。また、聖徳太子が制定した冠位十二階の最高位も「大徳」「小徳」であった。このようなことから、「徳」というものが、古代日本において為政者が治世のためにもつべき資質として重視されていたことがうかがえる。これらの用例は、個人的資質とその感化力という意味合いが強い。

しかし同時に、「徳」の用法として、その字が本来もっていた、超越的な力という側面もみられる。たとえば、『日本書紀』「推古天皇紀」における聖徳太子に関する叙述である。聖徳太子の死亡を伝える記事においては、「〔聖徳太子は〕玄《はるか》なる聖《ひじり》の徳《いきおい》を以て、日本国に生れ《あ》（非常にすぐれた聖人の力を蒙って日本の国に生まれ）」、死後には「浄土」に往生して衆生を救済しているとされている。「玄なる聖」とは、奈良時代以降、聖徳太子の前世と信じられていた中国天台宗第二祖の南岳慧思《なんがくえし》を指す。

ここでいう慧思の「徳」とは、自らの生まれかわりを日本の国へと送り込んだということのうちに現れている、現世を超越した不可思議な力、はたらきであると捉えることができよう。為政者としての聖徳太子は、このような超越的なはたらき（徳）によって支えられているのであり、為政者としての「徳」という問題が、単に現世的な事柄を取り扱うための能力ではないことをうかがわせて興味深いが、ここでは、この問題については指摘するにとどめて、次項においては、『日本霊異記』を手がかりとして、古代日本の仏教における「徳」についてさらに考えてみたい。

『日本霊異記』について

日本最古の仏教説話集である『日本霊異記《にほんりょういき》』からは、仏教受容の初期の段階で「徳」がどのような意味で用いられていたかを読み取ることができる。『日本霊異記』は、奈良時代末期から平安時代初期に成立した仏教説話集で、上巻三十五話、中巻四十二話、下巻三十九話、計百十六話からなる。編纂者は奈良の薬師寺の僧景戒《きょうかい》であり、時期的には雄略天皇治世下の五世紀から嵯峨天皇治世下の九世紀初頭頃までの説話がほぼ年代順に並べられている。民間に口承で伝えられていた説話を日本風の漢文で記載したものであり、以後『今昔物語』をはじめとする仏教説話集に大きな影響を与えたことで知られている。

内容的には、その正式名称からもうかがえる通り、善因善（楽）果、悪因悪（苦）果の因果応報譚が中心であり、現世に現れた因果応報の実例を示すことで、民衆に善行を勧め、悪行を戒めたものである。『日本霊異記』は、「私度僧《しどそう》の私度僧による私度僧のための文学」と言われているとおり、国家から正式な出家の許可を受けずに、私的に出家した僧侶が民衆布教をする際に使用した説話であり、登場人物の僧侶も私度僧と思われる僧が多い。景戒自身は薬師寺に住する、学識のある官僧であったが、私度僧を指導し統括する立場にあり、その関係から『日本霊異記』の編纂で主導的な役割を果たしたものと思われる。

『日本霊異記』における「徳」の諸相

さて、『日本霊異記』の諸話において、「徳」に関連する言葉は「功徳」「福徳」なども含めると、相当数にのぼる。その用例をみると次のような類型に分けられる。

一、為政者もしくは高位者の能力や人格。
二、仏道を実践することによって得た効果、能力。
三、仏や経典がもたらす恵み。

まず、類型一について典型的な例をあげるならば、中巻序では、聖武天皇に関して、大仏を造営し、自ら出家し、僧形《そうぎょう》となり、善政を行ったという事績を紹介したあとで、「慈《うつくし》びは動植に及び、徳は千古に秀《ひい》づ（慈愛は動植物にまで及んで、徳は古今に抜群でいらっしゃった）」（『日本霊異記』中巻、講談社学術文庫、一九七八年、二三頁。以下『日本霊異記』の引用は同書による）と褒め称えているのである。聖武天皇は、歴代天皇の中でも仏教に対する帰依の熱心さで一、二を争う天皇であるが、その天皇の仁政を賞讃するのに「徳」という言葉を使用しているのだ。

その他、上巻第二十五の、民政を第一として自分の田の水を農民に与えた中納言従三位大神高《ちゅうなごんじゅさんみおおみわのたけ》市麻呂《ちまろ》を評して、「徳義の大きにあればなり」（『日本霊異記』上巻、一五六頁）と言われているのも同様の例である。民生の安定に尽くした高位の者に対するこれらの言葉は、「徳」の用法としては、もっともオーソドックスなものであろう。

それに対して、類型二、三になると、仏教的文脈での用法となってくる。たとえば、類型二の「仏道を実践することによって得た効果、能力」の例としてあげられるのが、下巻第七の、正七位の大真《おおま》山継《やまつぎ》が観音像を作って信仰した「作善の功徳」のおかげで、死刑を免れたという話、同第三十四で悪性の病気で長年苦しんでいた巨勢呰女《こせのあさめ》が『観音経』『金剛般若経《こんごうはんにゃきょう》』『薬師経《やくしきょう》』を読誦し、千手観音《せんじゅかんのん》の陀羅尼《だらに》（呪文）を称え、「功をつめる徳」により病が治ったという話である。

他にも、上巻第十では、畜生道に堕ち、死後牛に生まれかわった亡父のために追善供養をして「功徳を修めき」とあり、中巻第十六で貧しい老夫婦に食を施し「功徳」としたとある。また、下巻第十四は観音の呪（まじないの文句、呪文）の「験徳《げんとく》」、同第三十の観音造像の「功徳」などでも「徳」またはそれを含む言葉が使用されている。これらの諸話では、追善供養、布施、修行、造像、読経などが功徳を積む行為とされ、個々人が各々「功徳」を積むことによって、ある望ましい成果を得たということが強調されている。

三の「仏や経典がもたらす恵み」の例としてあげられるのは、たとえば、上巻第三十一である。吉野山に三年間籠もって修行をしていた御手代東人《みてしろのあずまびと》は、常に観音に「南无《なむ》、銅銭万貫と白米万石と好《うるわ》しき女《おみな》とを多《さわ》に徳施《とくせ》したまへ（南無観世音菩薩、私に銅銭一万貫と白米一万石、美女をたくさん功徳として授けよ）」（『日本霊異記』上巻、一八八頁）と祈り、観音の名を称えていたところ、願いがかなえられ「福徳」が与えられたという話や、中巻第四十二巻の、困窮して子供たちを養えなくなった海使蓑女《あまつかいみのめ》が「観音の徳を願」ったところかなえられ、銭百貫が与えられたという話である。他にも、下巻第二十の『法華経』の「徳」に対する言及や、下巻第二十五の「釈迦如来の威徳」に対する言及がある。これらは、観音菩薩、釈迦如来などの仏や『法華経』などの経典や陀羅尼が、恵み（功徳）を与えるという筋立てになっている。

そして、この類型二と三がストレートに結びつくのが『日本霊異記』の「徳」理解の特徴である。つまり主人公が、その信仰に基づいて功徳を積むことで、仏や経典からの功徳を得るという構造になっているのである。たとえば、下巻第十二は、盲人が観音を信仰し、千手観音の陀羅尼（呪文）を誦唱するという功徳を積んだことで、目が見えるようになったという話であった。その物語に対して景戒は賛をつけて、「観音の徳力と盲人の深信」によって善果を得たと言っている。また、下巻第二十五の、釈迦如来の名を称えるという功徳によって海難を逃れた話の賛でも、（命が助かったのは）「釈迦如来の威徳なり、海中に漂える人の深信なり（釈迦如来の威力ある徳のおかげであり、海中に漂った人の深い信仰によるのである）」（『日本霊異記』下巻、一七七頁）と言われている。

さて、これらの諸話では、日常的世界を離脱してしまった人を救い取る装置として仏教が機能している。中巻第四十二では、九人の子をもった女性は食物が底をつき餓死の危機にあり、下巻第七の大真山継は刑死寸前であった。これらの人々は、何らかの事情により、日常世界からすべり落ちてしまっている。日常的世界とは、共同体的世界であり、そこでは安定的な秩序が保たれ、時間は春、夏、秋、冬と循環し、人々の生活の持続と安定的な再生産が期待されている。このような世界を、『日本霊異記』の主人公たちは離脱してしまっているのである。それは、事件、事故、病気、貧困といったやむを得ない事情による場合もあるし、自らの願望の過剰さゆえに日常世界を離脱せざるを得ない場合もある。

たとえば、先述の上巻第三十一の東人の場合には、日常世界にいたのでは満たされない願望を抱いていたからこそ、日常世界からはみ出てしまい、日常世界を離れた吉野の山中で修行をしていた。吉野の地は、その当時から山岳修行をする宗教者たちの集まる聖地だったのである。東人の願望は、「銅銭万貫と白米万石と好しき女とを多に徳施したまへ」というものである。これは、一見、あまりにも世俗的な願望にも思えるかもしれないが、その願望の量の過剰さによって、極度に抽象的な願望であるとも言える。東人の願望は、本来は、日常的世界においては対応物をもたない絶対的なものであるが、それをあえて日常的世界の事物によって表すなら、「銅銭万貫と白米万石と好しき女とを多に」ということになるのだ。

この説話においては、東人の願望は、粟田朝臣《あわだのあそみ》の婿になって財産と官位を得ることによって成就されたという話の作りになっており、それをもたらしたものとして、観音の「徳」が称揚されている。日常的世界を離脱した場で、絶対的願望の成就をめざして衆生の積み上げる徳と、仏なり経典なりのおよぼす力としての徳とが感応するのである。

『日本霊異記』の諸話は、日常世界とは別のリアリティをもつ世界として、仏法の支配する世界を設定している。『日本霊異記』においては、仏法や因果の理の「不思議さ」が強調されているが、その不思議さとは、日常世界の側から仏法世界を仰ぎみた場合のものである。仏法世界は、仏の徳に満ちた世界であり、その世界を志向することが、仏教帰依者の徳の基盤となる。だからこそ仏教帰依者の積む功徳と、仏法世界の功徳とがストレートに感応し、善果がもたらされるのである。

そして、『日本霊異記』で語られる善果は、主に現世利益《げんせりやく》である。善果を得た人々は、基本的にはもう一度、日常的世界に戻っていくという話の運びになっている。もちろん、たとえば下巻第二十五で釈迦如来の名を称えて海難から救われた紀臣馬養《きのおみうまかい》のように、そのことをきっかけとして「心を発《おこ》し世を厭《いと》ひ、山に入り法を修し（発心して世を捨て、山に入って仏道修行をし）」（『日本霊異記』下巻、一七七頁）たという後日譚をもつ話もあるが、これは例外に属する。多くの話では、もう一度、日常世界に復帰したという語られ方になっている。仏教説話が基本的には日常世界に住まう民衆を相手に語られたということを考えれば、そうなるのは当然のことであろう。日常世界を生きる民衆にとっては、仏法世界はあくまでも日常世界の補完物であった。それは、非日常的な「ハレ」の世界が、「ケ」である日常世界を活性化するのと同様の構造のもとで捉えられていると言ってもいいだろう。

しかし、仏法本来からみるならば、日常世界と仏法世界とは相容れないものであり、仏法的世界に入るには日常世界からの離脱が必要条件となる。たとえば、よく知られた伝説によれば、中国禅宗の初祖とされる菩提達磨《ぼだいだるま》は、熱心な仏教信者として名高い梁《りょう》の武帝から、「自分は、皇帝として、仏教興隆をめざして、造寺、造塔、造像をしてきたが、どのような功徳が得られるのか」と尋ねられ、「無功徳」と答えたと言う。* この挿話の語っていることは、日常的世界の価値観を、仏法世界に持ち込むことの無意味さであろう。日常世界の基準と仏法世界のそれとはあくまでも別個のものなのである。

次節では、『日本霊異記』におけるような、日常的世界に回収されるのとは別のかたちの衆生の「徳」と「仏法」の徳との感応について考えてみたい。これは、前述の東人を引き合いに出して言うならば、現世における対応物では満足できなかった東人の行方を語ることになる。

* 中国に伝法するためにインドからやってきた達磨と梁の武帝とのやり取りは、功徳問答とよばれる伝説で、『景徳傳燈録』（新文豊出版公司〔臺灣〕、一九八一年、四七頁）によれば次の通りである。

帝問うて曰く「朕、即位已来、造寺、写経、度僧、勝《あ》げて紀《しる》すべからず、何の功徳かある」。師曰く「並に無功徳」。帝曰く「何を以てか無功徳」。曰く「此れただ人天の小果、有漏の因、影の形に随うが如し。有りといえども実に非ず」。帝曰く「如何なるかこれ真の功徳」。答えて師曰く「浄智妙円にして体自

ら空寂なり、是の如きの功徳、世を以て求めず。（訓み下しは引用者による）

仏教信者として造寺造塔に励んできた武帝は何らかの現世利益を望んでいたものと思われるが、達磨はそのようなものは小さな功徳であって所詮は有って無きがごときもの、「無功徳」だという。達磨にとって「真の功徳」とは世俗には求められないもので「体空寂」であるという。この「体空寂」とは、まさにあらゆるものが「縁起‐無自性‐空」であることを意味する。この究極的立場からすれば、現世利益は、自己を固定的に立てた上で自己が利益を得ることを期待するものに過ぎないのだ。

3　一遍における「徳」

一遍と日本浄土教

一遍（一二三九―八九年）は、時宗の開祖であり、民衆に踊り念仏を教えつつ全国を行脚した遊行上人《ゆぎょうしょうにん》として知られる。法然以来の念仏信仰の系譜を継ぎ、口称念仏《くしょうねんぶつ》による救済を徹底化した念仏僧である。ここでは、『日本霊異記』と同様に、民衆を対象としながらも、『日本霊異記』とは異なった仏教の地平を指し示した、一遍の思想を手がかりとしてみよう。

さて、日本における浄土信仰は、伝来当初は、死者の霊を浄土へ送るという追善供養的な要素が強かったが、平安時代になると比叡山の常行三昧堂《じょうぎょうざんまいどう》を中心にして盛んになり、源信によって『往生要集』が著されたことなどもあって、念仏によって自身の極楽往生を願うことが貴族の間で盛んに行われるようになる。鎌倉時代になると、法然、親鸞をはじめとして浄土信仰を観想念仏から口称念仏のみへと大きく転換し、より広範な人々に専修念仏を唱導する思想家が現れた。一遍もその系譜に属する。

「念仏」とは、もともとは日常的な意識を変容させて恍惚とした三昧《さんまい》の中で仏の姿をありありとイメージする「観想念仏」（観仏）を意味したが、中国の善導は、阿弥陀仏の名号《みょうごう》を「南無阿弥陀仏」と称える口称念仏を主張し、わが国の法然門下がその教えを伝えた。一遍もこの流れに属する。

浄土信仰では、西方極楽浄土の教主である阿弥陀仏への帰依が主張される。その信仰によれば、阿弥陀仏は、成仏する以前、過去世において法蔵菩薩《ほうぞうぼさつ》であったときに、限りなく長い時間にわたって考え（五劫思惟《ごこうしゆい》）、衆生を救うために四十八の誓願を立てた。中でも第十八願は、「阿弥陀仏を念じ、極楽浄土に往生することを願う衆生がすべて往生できるまで、自分は成仏しない」という内容*で、念仏する者をすべて極楽往生させることをめざしている。そして現に、法蔵菩薩が成仏して阿弥陀仏と成っている以上、念仏者の救済は確約されているとされる。これら一連の信仰が、インド、中国、日本における念仏信仰の基礎となった。

＊『無量寿経』所載の法蔵神話によれば、世自在王仏の下で出家した法蔵菩薩（法蔵比丘）は修行を開始するにあたって衆生救済のために浄土を建立し四十八願を立てた。それらの願はいずれも「……が成就しないならば、自分はあえて成仏しない」という形式をもっており、そのうちの第十八願は、「たとひ、われ仏となるをえんとき、十方の衆生、至心に信楽して、わが国に生まれんと欲して、乃至十念せん。もし、生まれずんば、正覚を取らじ」（『浄土三部経』上、岩波文庫、一九六三年〔九〇年改訳〕、一五七頁）というものであった。そして法蔵菩薩は遠い過去にすでに成仏して阿弥陀仏になっている。つまり、「乃至十念」する衆生はすでに浄土往生が決定しているのである。この「乃至十念」の「念」は、本来、阿弥陀仏を心に思うこと（観想念仏）であったが、それを法然は善導に倣って十回称名念仏することと捉え、さらに浄土往生のためには称名念仏以外の行は必要ないとする専修念仏の教えを新たに確立した。一遍の法系図は、法然―証空（西山義）―聖達―一遍と次第し、一遍も法然の専修念仏の系譜にある。

「不思議の功徳」としての念仏

一遍の浄土思想、念仏思想の特徴的な点としては、阿弥陀仏への帰依というより、むしろ念仏への絶対的信仰が強調されているということが、まず指摘できる。一遍は、名号は「不思議の功徳」であると言う。一遍は、名号以外のものはすべて虚しい幻であり、信じるには値しないとした上で、「南無阿弥陀仏」という名号を称えることのみが真実であるとする。そして、たとえどのように深い信仰をもっていようと名号を称えることがなければ往生しないという。これは、親鸞が阿弥陀仏への絶対的な信仰を強調し、信仰があれば自《おのず》と念仏がそれにともなうと主張したこととは対照的である。一遍は、阿弥陀仏（法蔵菩薩）については、名号を五劫思惟によって考え出した点においてはたしかに優れてはいるものの、根源的な救いはあくまでも名号からくるとする。その上で、名号を称えることによって、この身も心も言葉も阿弥陀仏のそれとなり、「生きたる命も阿弥陀仏の御命」となると言う。では、「不思議の功徳」、すなわち日常的・現実的な意識では捉えられない不思議なはたらきとして名号があるということは、どのようなことなのだろうか。一遍の興願僧都《こうがんそうず》に対する書簡の、以下のような言葉を手がかりとして考えてみよう。

念仏の行者は智慧をも愚痴《ぐち》をも捨《すて》、善悪の境界をもすて、貴賤高下の道理をもすて、地獄をおそるゝ心をもすて、極楽を願ふ心をもすて、又諸宗の悟をもすてゝ、一切の事をすてゝ申念仏こそ、弥陀超世の本願に尤《もっとも》かなひ候へ。かやうに打あげ打あげとなふれば、仏もなく我もなく、まして此内に兎角《とかく》の道理もなし。善悪の境界、皆浄土なり。外に求べからず、厭べからず。よろづ生としいけるもの、山河草木、ふく風たつ浪の音までも、念仏ならずといふことなし。人ばかり超世の願に預《あずかる》にあらず。

（『一遍上人語録』岩波文庫、一九八五年、三四―三五頁。以下、一遍の引用は同書による）

（念仏の行者は、智慧も愚かさも捨て、天や人間などの望ましい世界も、地獄や畜生道などの望ましくない世界をも捨て、身分の上下貴賤などの現世の筋道も捨て、地獄を恐れる心も捨て、極楽を願う心も捨て、また仏教の諸宗派の説く「さとり」をも捨て、一切の事を捨てて称える念仏こそが、阿弥陀仏の卓越した本願にもっともかなっているのである。このように一切を捨てて声をはり上げ、はり上げして称えると、仏もなく、我もなく、まして、そこには何の道理もなくなってしまう。望ましい世界も望ましくない世界も〔いずれも輪廻転生する迷界ではあるが〕、みな浄土となる。輪廻転生する迷いの世界以外に浄土を求めるべきでもないし、迷いの世界を厭うべきでもない。浄土と化した世界においては、生きとし生けるものすべて、山川草木が念仏を称える。風の音も、波の音も念仏でないものはない。人間だけが、阿弥陀仏の本願にあずかるのではなく、ありとあらゆるものが念仏を称え、本願にあずかるのである。）

ここで一遍は、念仏の行者は、すべての欲望も理非善悪の判断も捨て、また仏教の諸派において望ましい境地とされる「さとり」へのこだわりも捨て、すべて捨て去って念仏を称えることで、「仏もなく我もなく」という「無我」の境地になると言う。「無我」とは「個体的な我」という囚われがないことであり、仏教的用語で説明するならば、「無自性」「空」ということである。

そして、このような「無我」の境地を実現するとき、浄土は「今、ここ」において立ち現れていることになる。浄土とは、仏に成ることを可能にさせる場であり、前節で使用した言葉で言い表すならば、絶対的な願望が充足される場である。一遍は、この場、すなわち浄土は、通常説かれるような西方十億万土を過ぎた彼方にある、死後に赴く場所ではないとする。このことを一遍は、「善悪の境界、皆浄土なり。外に求べからず、厭べからず」と説明する。「善悪の境界」とは、生きとし生けるものが、生まれかわり死にかわり輪廻する世界である。三善道と呼ばれる天界、人間界、修羅道にしても、三悪道とよばれる餓鬼道、畜生道、地獄にしても、迷いの世界であることには変わりはない。この迷いの世界こそが、実は真実の浄土であると一遍は言う。

一遍にとって、念仏を称えることとは、自我の自己完結性を破り、空無化することと捉えられる。自我の空無化を通じて、迷いと苦しみに満ちた穢土《えど》であるかにみえた現世が、救いの世界である浄土へと転換するのであり、さらにいえば、この世とはもともと浄土であったにもかかわらず、我執ゆえに穢土となっていたのを、称名し、我執を取り除くことによって、再び浄土とするのである。念仏によって、自己も世界も、「本来の面目」を取り戻すと一遍は主張するのだ。

そして、そこで再び取り戻された浄土としての現世のありさまを、一遍は、「よろづ生としいけるもの、山河草木、ふく風たつ浪の音までも、念仏ならずといふことなし」という印象的な言葉で書きしるす。そこでは、ありとあらゆるものが念仏を称え、共鳴し合い、共振し合う。

念仏を称えることとは、「縁起‐無自性‐空」を実現することであった。「空」とは、仏教において、何もない虚無ではなく、「縁起」すなわちあらゆるものがあらゆるものと関係し合って成立しているということであり、独立した自己完結的自我の否定である。あらゆるものが、念仏を称えつつ、共鳴し、共振し合う浄土のありさまは、一遍が捉えた「縁起‐無自性‐空」なる世界の風光であった。そこでは、風の音も波の音も、実は念仏であった。一遍は、存在が存在であるがゆえに発する微かな息遣いの中にも念仏の声を聴き取り、自己の念仏と響き合わせた。一遍の捉えた「念仏の功徳」とは、まさに現世において、このような「縁起‐無自性‐空」なる一大交響空間を現出させることなのであった。

一遍における「功徳」の諸相

さて、ここで以上のような一遍の思想に対する理解を踏まえて、本章のテーマである「徳」「功徳」に関して、一遍の議論をまとめておこう。一遍の「功徳」という言葉の用法をみると、大まかに言って次のような類型に分けられる。

一、浄土を実現するはたらきとして名号に具わっている「不思議の功徳」。
二、自力作善《じりきさぜん》として否定されるべき「功徳」。
三、自力作善ではあるが肯定される「功徳」。

まず、最も根源的な用法は、類型一の念仏の「不思議の功徳」と言った場合のものである。この考え方に従えば、念仏の「功徳」とは、前述したように、ありとあらゆるものを「縁起-無自性-空」化するはたらきであり、同時に、現世を念仏の声に満ちた一大交響空間とするはたらきとして捉えられる。このことについて、一遍は、「名号は法界酬因《ほっかいしゅういん》の功徳なれば、法をはなれて行ずべき方なし（名号は、真実の世界である浄土を出現させるはたらきをもったものであるから、名号という真実を離れて、それ以外の行法もない）」（前掲『一遍上人語録』一三〇頁）と言っている。「功徳」とは、世界に遍満し、自己完結した自我を打ち破り、あらゆるものが関係し響き合う「縁起－無自性－空」の深層世界を立ち現すはたらきなのである。

それに対して、一遍においては、否定されるべき「功徳」もある。それは、類型二の、仏教で一般に言われる「功徳」で、読経や礼拝、供養などをはじめとして、さまざまな善行を積むことによって、自らが解脱し、また仏の救いにあずかると言った場合の、その善行のことである。これは、浄土信仰の文脈では、「自力作善」と言われ、阿弥陀仏や念仏に対する絶対的帰依の欠如の現れとされる。自力作善という考え方は、自らに救いを実現させる何らかの能力があることを前提とするが、自らの能力への自負は、絶対的帰依の妨げになると言うのである。このことについては、現存する一遍の法語集のうち、最古のものである『播州法語集《ばんしゅうほうごしゅう》』に次のような言葉がある。

> 善悪の二道は共に出離の要道にあらず。只罪をつくれば重苦を受、功徳をつくらば善所に生ずるゆゑに、止悪修善を教るばかりなり。しかれば善導は、「罪福の多少を問わず」と釈せり。所詮、罪功徳の沙汰《さた》をせずして、なまさかしき智恵を打捨て、身命《しんみょう》をしまず、偏《ひとえ》に称名するより外は、余の沙汰あるべからず。（前掲『一遍上人語録』、一七三—一七四頁）
>
> （善行〔いわゆる功徳〕にしても、悪行〔罪〕にしても、どちらも、浄土へ往生することにかかわる大切な方法ではない。ただ、罪を作れば死後、地獄、餓鬼道、畜生道などの悪道に堕ち、いわゆる功徳を積めば、死後に天界や人間界などに生まれかわることになるから、悪をやめ善を行うように教えるだけなのである〔しかし、これらはすべて迷いの世界の中でどこに生まれ

かわるのかということに過ぎないのである」。それだから、善導は『『法事讃下』において』、「罪福の多少にはこだわらない」と説いているのである。結局、罪だとか功徳だとか、あれこれあげつらうことなく、小賢しい知恵を捨てて、身命を惜しまずに、ただひたすらに念仏を称えるより他には、なすべきことはないのだ。)

ここで、一遍は、いわゆる善/悪、罪/功徳を超えることを説いている。ここで言う善とは、善果すなわち善処である天界や人間界に生まれる因となる善行、功徳を指し、悪とは、悪果すなわち悪道である地獄、餓鬼道、修羅道に堕ちる悪行、罪を指す。そして一遍は、それらは相対的なものであり、絶対的な救済すなわち極楽往生にはかかわらないとする。ここで一遍は、いわゆる「功徳」、すなわち自力作善による功徳を相対的なものとして、究極的立場から退けているのである。

一遍によれば、絶対的な救済にかかわるのは、唯一、念仏のみであり、念仏を称えるその瞬間に、念仏者は浄土へ往生し、この現世が浄土となる。平安時代中期以来、浄土信仰においては、臨終来迎《りんじゅうらいごう》が強調され、念仏の行者が命の終わるそのときに、阿弥陀仏や菩薩が迎えにきて、極楽浄土へと導くと信じられていた。それに対して、浄土とは死後に赴くところではなく、現世こそが浄土であるとした一遍にとっては、往生は臨終にではなく、「今、ここ」において成立するものであった。「只今の念仏の外に臨終の念仏なし、臨終即平生《へいぜい》なり(「今、ここ」で称える念仏の他に臨終の念仏というような特別なものがあるのではない。阿弥陀仏によって浄土に往生する臨終とは、実は、今、この瞬間なのである)」(『一遍上人語録』二〇一頁)という一遍の言葉にも如実に現れているように、阿弥陀仏によって浄土に迎えられることを臨終とするならば、一遍にとっての臨終とは、命の終わるときではなく、念仏の「不思議の功徳」によって救われる「今、ここ」に他ならないのである。

　このように、自力作善による功徳は否定されるのであるが、しかし、ここで逆転が起こる。それは、現世が浄土とされ、すべてのものが、念仏を称え、すべてのものが救われているとされたことにかかわる。つまり、すべてのものが念仏によってすでに救われているのであるならば、すべてのもののすべての行為が、念仏に裏打ちされて許されてくるのである。ここにおいて、いったんは否定された自力作善の功徳までもが、肯定されてくるという逆転が起こってくるのである。このことは、次のような一遍の言葉からもうかがえる。

> いはゆる名号所具の万法としりぬれば、皆真実の功徳なり。是も功徳の当体、その分々に真実なるにはあらず、となへらるゝ名号に成ぜらるれば、ともに真実となるなり。功徳といふとも出離の要道にはあらず、福業とはなるなり。かるがゆゑに、観経には万法をつかねて、三福業と説けり。正因正行《しょういんしょうぎょう》といふ時は、名号正因に引助けられて、雑行と嫌ふも正行となりて、名号と一味する也。名号正因の道理によると云々。（『一遍上人語録』一六九―一七〇頁）

（すべての存在が名号によって支えられていると理解するならば、その存在の行為は〔自力作善も含めて〕、すべてみな、真実の功徳ということになる。しかし、そうであっても、〔自力作善の〕功徳がそれ自身として、真実であるということではない。称えられた名号によって成就されて、それらはすべて真実となるのである。〔名号によって支えられていない〕自力作善の功徳それ自身としては、浄土へと往生する大切な方法ということではなく、単に人間界や天界に生まれかわるなどの善果をもたらす福業であるに過ぎないのである。それゆえに『観無量寿経《かんむりょうじゅきょう》』では、もろもろの善行をまとめて、三福業として説いているのである。しかし、これらの自力作善の善行、功徳を、浄土へ往生するための正しい原因、正しい行というときには、往生のための根源的な正因である名号に支えられて、雑多な行として貶められる自力作善の功徳も、往生のための正しい行いとなって、名号と一つになるのである。名号正因の道理によって、自力作善の難行、功徳も往生のための正しい行いとなるのである。）

ここで、一遍が言っているのは、いったんは否定された自力作善の功徳も、念仏による現世往生という文脈においては、すべてのものが「今、ここ」で救われているとされ肯定されてくるということである。もちろん、一遍が強調するように、自力作善の功徳も、そのもの単独では往生という絶対的な救いにあずかることはできず、単に輪廻する迷界において相対的によい世界にいくことができるに過ぎない。しかし、雑行たる自力作善の功徳も、「名号に成ぜらるれば」、往生の「正因正行」となる。つまり、類型三の肯定されるものとしての自力作善の功徳となるのである。一遍が追善供養として踊り念仏を行っていたことは、その伝記である『一遍聖絵《いっぺんひじりえ》』からもわかる。自らが積んだ功徳を、死者へと振り向ける回向の念仏が一遍において可能となったのは、まさに三の自力作善の功徳の肯定に基づく。前節で扱った『日本霊異記』では、自己の積む功徳がストレートに仏法の功徳と結びついたのであるが、一遍においては、自力作善はいったんまったく否定された上で、仏法世界に裏打ちされて再び肯定されるのである（このような自力作善に対する理解の違いは、世俗世界と仏法世界との関係の捉え方の違いに淵源するものである）。

さて、このような自力作善の功徳に対する理解は、日本浄土思想史からみるならば、阿弥陀仏の他力への帰依を前提としつつ、自力をどのように位置づけるかという、繰り返し問題とされてきたテーマに対する、一遍なりの回答であると言えよう。この自力／他力の問題は、法然の中にすでに兆し、法然の弟子たちの間で起きた、多くの念仏を称える功用を主張する多念義《たねんぎ》と、念仏者の信を重要視する一念義《いちねんぎ》との対立の焦点となり、さらに、江戸時代の宗門を震撼させた「三業惑乱《さんごうわくらん》」の異端問題をも引き起こしたものである。さらにいえば、この自力作善という相対的功徳と、念仏という絶対的功徳との関係は、親鸞の主著『教行信証』における化身土巻と真仏土巻との関係にも繋がるとともに、天台念仏と一遍との関係という問題系にもかかわり、日本浄土思想史の複雑に錯綜する様相を考慮しつつ検討しなければならないテーマではあるが、この問題については、ここでは紙幅も限られているので、指摘するにとどめておこう。

仏教における「功徳」の構造

以上、「功徳」ということを手がかりとして、一遍の思想を概観してきた。そこで問題の中心となったのは、自我存在の自己完結性を打ち破り、「縁起-無自性-空」なる本来的世界を立ち現すはたらきとしての、念仏の「不思議の功徳」であった。その功徳の絶対性を主張する立場からは、いわゆる読誦、礼拝、供養などの自力作善の雑行の功徳は、相対的なものとしていったん否定されはするものの、念仏の「不思議の功徳」により現世が現世のままで「浄土」化されることにより、現世のありとあらゆる事物事象が絶対的に肯定されるに至った。そこでは、相対的な功徳としての自力作善までもが、念仏により支えられるという限定つきではあるものの、肯定されたのである。

功徳をめぐる同様の構造は、一遍のみならず、仏教思想において広く見出されるものである。たとえば、同じく鎌倉時代の新仏教の担い手であり、日本曹洞宗の開祖である道元の思想は、全体としてみるならば一遍のそれとはまったく違う体系をなしているものの、功徳をめぐる構造に関しては、類似の点を指摘することが可能である。[*1]「弁道話《べんどうわ》」において、道元は、坐禅修行者が身心ともに我執を離れて「身心脱落」するとき、「十方法界の土地・草木・牆壁《しょうへき》・瓦礫《がりゃく》みな仏事をなす（全世界の大地も草木も、垣根も壁も瓦も石畳もみな、仏として立ち現れ、仏として振る舞う）」（道元全集上巻、七三一頁）とし、さらにこれらの諸存在とかかわりあうものはすべて、「またことごとくあひたがひに無窮の仏徳そなはり、転展広作して、無尽《むじん》、無間断《むけんだん》、不可思議、不可称量の仏法を、遍法界《へんほっかい》の内外に流通するものなり（また、全存在がお互いに尽きることのない仏の功徳を具え、その功徳を順次広くはたらきおよぼして、尽きることなく、絶えることない、通常の意識によっては考えることも、推し量ることもできない仏法を、全世界の内にも外にもいきわたらせるのである）」とする。つまり、自己が坐禅をして解脱することによって、その「さとり」が世界のありとあらゆるものへと波及し、すべてが解脱し、仏の功徳としてのはたらきに参与し、「仏事をなす」と言われている。これはまさに、一遍について言及した「縁起‐無自性‐空」なる世界の風光である。

そして、その世界においては、『正法眼蔵』「諸悪莫作《しょあくまくさ》」巻で詳細に説明されるように、相対的な善悪がいったんすべて無化されると同時に、「縁起‐無自性‐空」なる世界を立ち現そうとする限りにおいて、すべての行為は、たとえそれがどのように不十分なものであろうとも、絶対的に善なるものとなる。[*2] 一遍においても、道元においても、仏の「不思議の功徳」としてある「縁起‐無自性‐空」なる世界に裏打ちされて、自己の相対的「功徳」までもが、絶対的なものとして肯定されるに至ったのである。

＊1 一遍と道元の「功徳」をめぐる思想構造の類似性は、両者が「縁起‐無自性‐空」の基盤の上で「今、ここ、この私」に徹するという実践性の高い思想家であったという点に淵源すると思われる。伝説によれば、一遍は「となふれば 仏もわれも なかりけり 南無阿弥陀仏 なむあみだ仏」と和歌を詠んで（『一遍上人語録』六六頁）、心地覚心（一二〇七―九八年、法燈国師）から印可（修行者の悟境の証明）を受けたという（なお、心地覚心は、京都の深草極楽寺時代の道元を訪ねて菩薩戒を授けられている）。一遍と心地覚心の関係については伝説の域を出ないが、一遍自身が禅との何らかの接触があったということは、その思想内容からいって否定はできない。なお、一遍と道元をはじめとする禅僧との思想的共通性については柳宗悦『南無阿弥陀仏』「六字」「自力と他力」（岩波文庫、一九八六年、一三四―一四六、二一二―二二二頁）で言及されている。

＊2 道元の善悪観の詳細については、拙者『道元の思想――大乗仏教の真髄を読み解く』第六章「善悪の絶対性と仏教」（NHK出版、二〇一一年）を参照。

以上述べたように、漢字の語源からも、そして日本の古代中世の仏教の用法からも、個々人の「徳」というものが、ある超越的なるはたらき〔徳〕に支えられて成り立つと理解されてきたことは明らかである。さらに、近世における仏教においても「徳」をめぐる状況は同様のものであった。たとえば、「万民徳用」論を提唱した、江戸時代初期の曹洞宗の僧である鈴木正三は、「世法即仏法」を主張して、士農工商のそれぞれが、自らの世俗の職業に私心なく励むことが仏道修行であり、それ以外にことさらな修行をする必要はないと説いたが、だからと言って正三は、万民における徳というものが、世俗内でのみ成り立つと考えていたわけではない。正三は、その著である『万民徳用』の中で、次のように言っている。

本覚真如の一仏、百億分身して世界を利益したまふなり。鍛冶《かじ》番匠をはじめて、諸職人なくしては、世界の用所調《ととのう》べからず。武士なくして世治《おさまる》べからず。農人なくして世界の食物あるべからず。〔中略〕其品々、限りなく出《いで》て、世の為になるといへども、唯是《ただこれ》一仏の徳用なり。

〔前掲『仮名法語集』二七六頁〕

〔本来的な「さとり」であり、真理そのものである一つの仏が、無数にその身を分かって、世の中で役立っているのである。〔その分身の一例をあげれば〕鍛冶屋や大工をはじめ、さまざまな職人がいなければ、世の中の必要事に対処することはできない。武士がいなければ世は治まらない。農民がいなければ世の中の食物が調達できない。〔中略〕このようにさまざまな職業が無数にあって世のためになっているが、これらはみな、一つの仏の「徳用」〔ありがたいはたらき〕

なのである。）

　ここで正三は、現世における世俗的な職業は、すべて「本覚真如の一仏の分身」であり、各個人が職業生活に励むことは、「一仏の徳用」であるとする。他の箇所で正三は、「自他不二」について語るが、自己と他者とが一つの全体をなすものとして関係し合う「縁起‐無自性‐空」なる世界の本来性、真理性、絶対性こそが、正三によって「本覚真如の一仏」と言われている当体であり、世俗の職業に励むことが、そのような本来的な世界を立ち現すことなのだ。正三にとって世俗の徳は、世俗を超えた「本覚真如の一仏」によって支えられていたのである。

　本章を閉じるにあたって、ここまで述べてきた「徳」「功徳」理解の示唆することについて触れておきたい。一九八〇年代以降、欧米の倫理学界では、コミュニタリアン（共同体主義者）によって徳倫理学の復権が叫ばれている（日本倫理学会編『徳倫理学の現代的意義』慶應通信、一九九四年）。これは、近代的な義務倫理学や欧米で主流の功利主義倫理学の限界性が露呈してきたことを背景としている。それらの学説が基盤としているところの自立した個人を基本単位とする個人主義的リベラリズムは、多様な価値を認めはするものの何が真に価値あるものかを示すことができず、道徳的アノミー状態をもたらしたと、徳倫理学者は批判する。徳倫理学では、何が価値あるものかをはっきりと提示する。そして、「よりよき生」を実現するために、共同体における善を実現するものとしての「徳」の実現をめざす。

このような傾向は、孤立し他者を見失った「近代的自我」の問題を解決すべく、人間存在を関係性の中で捉えるという点においては意義深いものではあるものの、「徳」の復権が、超越的次元を切り離した上でのことであったら、それは既存の共同体道徳を再生産するだけのものになったり、単なる徳目注入主義に堕する危険性がある。

西洋哲学における徳論の源泉でもあるアリストテレスにおいても、徳は単なる市民的徳にとどまるものではなかった。アリストテレスは、『ニコマコス倫理学』最終巻（上下、高田三郎訳、岩波文庫、一九七三年）において、最高の幸福とは、不死なるものに近づくべく、人間の理性を最高度にはたらかせることであり、それこそが徳の実現であると述べ、さらに最高の徳は、観想（テオーリア）において成就し、観想こそが神々の活動であると述べた。このことは、アリストテレスにおける徳が、究極的局面においては、日常性を離れた超越的次元にかかわるものであったことを示唆している。

今日の「徳」についての議論においても、本章で述べてきたように、「徳」の成立基盤には、超越的なるものが深く関与していることを十分に考慮する必要があるのではないだろうか。

第五章 「修行」から「修養」へ

——日本仏教の中世と近世——

1 「憂き世」と「浮き世」——中世仏教と近世仏教

六世紀中葉に仏教が日本に伝来してから今日に至るまで千五百年近くの間には、注目すべき転換期が幾度かあった。[*] 中でも、中世仏教から近世仏教へという転換は大きなものであった。

中世と近世の精神世界の差異をごく類型化して説明するならば、次のようになろう。中世の人々は、自らが生きている世界の背後に、この世界を支え、成り立たせる超越的なるものを想定していた。それは究極的には、神仏をはじめさまざまなかたちで表象される、根源的かつ超越的なるはたらき（＝力）であり、人々は、儀礼や修行などの宗教的実践を通じて、神仏と、つまりこの力と交流し、それによって自らの「生」を活性化させた。彼ら中世人は、「自分はどこからきて、どこへいくのか」という人間の根源的な問いに対して、神仏つまりこの力との関係を基盤として答えようとしたのである。彼らは、生まれてから死ぬまでという有限な時間は、実は無限なるものに支えられているということを実感しており、眼前に繰り広げられる出来事の継起は、実は、眼に見えない何ものかによって導かれていると考えていたのである。ただ取りとめもなく過ぎていくかのようにみえる人生に意味を与える何らかのものを、中世人は神仏という超越的なるものの形象のうちに見ていたということができよう。

それに対して、近世の人々は、超越への通路をまったく断ち切ったわけではないにしても、見えない超越的なるものに対してよりも、むしろ眼前に広がる現世、つまり世俗世界に対して、その関心を増大させた。世俗世界は超越的なるものから相対的に独立性を強め、現世が現世それ自身として自立しはじめたのである。人々は、現世における自己実現、世俗的成功や享楽そのものを追求しはじめた。このことは、中世の「憂き世」から、近世の「浮き世」への転換の中に端的にみてとることができる。

＊ 他にも挙げるとすると、たとえば伝来当初の祖先祭祀と結びついた氏族仏教から、中央集権的国家体制の理念的拠り所としての国家仏教へという転換、奈良を中心とした都市仏教に対する山岳を根拠地とする平安仏教の成立、円・密・禅・戒を組み込んだ総合仏教である天台宗に代表される「旧仏教」（顕密仏教）を否定的媒介とする「一行」「一法」への集中を説いた、いわゆる「鎌倉新仏教」の勃興、江戸時代の寺壇制度の確立、明治初年の大規模な仏教弾圧などを、一大転機としてあげることができよう。

中世の「憂き世」という言葉は、もとより仏教の「一切皆苦」「諸行無常」の教説に依拠した、現世を無常で虚しく苦しみに満ちたものとして捉える見方に基づいて成り立っている。仏教は、人々に対して、仏教の真理を求めて「憂き世」から離脱して「さとり」を開き、安楽の境地に達するよう説いた。現世が「憂き」ものであるのは、現世がそれ自身としては完結した世界ではなくて、有限かつ無常なるものとして捉えられていたからに他ならない。

このことを如実に示す一例をあげてみよう。中世の仏教説話における発心譚《ほっしんたん》の類型の一つに、現世的な栄華の頂点でこの世の限界をみて発心するという話型がある。たとえば、「説経節」としてよく知られている「かるかや」[*1]では、筑紫六ヶ国を支配し、隆盛を極めていた筑前松浦党の総領、加藤繁（重）氏は、その栄華の頂点をなす花見の宴の折りに、桜の蕾が散って盃に浮かんだのを見て、懐妊中の妻（このときに胎内にいたのが、後の石童丸《いしどうまる》である）と幼い娘を捨て、二十一歳の若さで高野山にて出家した。『発心集』巻一―六では、「筑紫の者」が秋に自分の家の田の広大さに満足しつつ稲穂の波を見ているうちに、俄《にわ》かに無常を観じ、止める娘を振り捨てて高野山で出家した。これらの説話が示すのは、どのように栄耀栄華を極めようとも、この世はそれのみで完結するものではないということである。この世の頂点に立ち、この世において望めるすべてを手にいれた者は、すべてを手にいれてもまだ不完全で満ち足りることのない自己と世の有限性を痛切に感じるがゆえに、この世を捨てざるを得ないのだと、これらの説話は語っているのである。（この話型の原点は、華やかな宮廷生活に虚しさを感じ、妻子と次期国王の地位を捨てて出家した釈迦の発心譚であろう。）

それに対して、「浮世草子」「浮世絵」などという用例[*2]からもうかがえるように、「浮き世」という言葉は、本来、「はかない世の中」を意味する「浮世《ふせい》」という漢語から出ているにもかかわらず、「現世的」「享楽的」というニュアンスをまとっている。たとえば、「浮世絵」が、遊里と芝居とを主たる題材とする庶民の娯楽に供された風俗画であり、「浮世草子」が、遊里や芝居町を舞台に町人の享楽的生活を描いた町人文学であったことからも如実にみてとれるように、[*3]「浮き世」とは、決して苦に満ちた、離脱するべき厭《いと》わしい場所ではなく、そこにおいてなにがしかの享楽と充実感を味わうことの可能な場所であった。人々はこの世を離脱することではなく、この世そのものに興味の対象を移していった。現実に五感を通じて接することのできる世界への関心が増大し、人々の精神世界の中で

「眼前の現実」の占める比重が高まっていった。つまり、現世はあたかも現世のみで完結できるかのような捉え方が、少しずつ人々の間に受け容れられていったのである。これを「世俗化」という。

この「世俗化」は、仏教においても顕著にみてとれる。現世を否定的なものとして捉え、出家修行にせよ、浄土往生にせよ、現世からの離脱、超越を願った中世仏教に対して、そこからの離脱を願うのではなく、現世を肯定して、その中で自己実現をしていこうという傾向を積極的に容認する動きが、近世仏教において目立ってくる。[*4] 家の繁栄や個人の成功を、心構えや価値観、道徳性の面から支えるものとして、仏教が機能するようになる。また、仏教とのかかわりの中で現世における関係を強化したり、現世的な楽しみを享受したりという志向がよりいっそう強まってきた。

このことは、無常観から生々観への変化として捉えることも可能である。無常観とは、世界や人間についてすべては変化し滅んでいくものだと捉える思想で、仏教の基本教説でもあるが、生々観とは、そのような変化は滅びではなく、次々に生まれることであると捉える見方である。生々観に依拠するならば、現世は祝福された肯定的なものになる。このような近世における思想の変化は、仏教思想にも大きな影響を与え、もともと伝来当初よりかなり強かった現世肯定的な傾向が、近世になってさらに強まってくるのである。

本章では、中世から近世にかけてみられた、仏教におけるこのような変化について検討する。その際、仏教における宗教的実践の中心にある「修行」の近世的変容を「修養」という言葉で捉え、この「修行」と「修養」との落差の中に、中世仏教と近世仏教との相違を見定めてみよう。

＊1　説経『かるかや』の正本が刊行されたのは一六三一年、近世初期にあたるが、この説話自身の発祥は古く、中世の間、高野山の萱堂聖《かやどうひじり》の間で語り継がれたものと考えられる。なお、刈萱道心《かるかやどうしん》説話によると、俄かに出家した父（加藤繁〔重〕氏＝刈萱道心）を慕って、息子石童丸は高野山にやってくるが、刈萱道心は恩愛を捨てた出家の身ゆえに、父子の名乗りをしないまま石童丸を弟子にし、ついには刈萱道心と石童丸とは、善光寺と高野山で別々に往生した。この物語は、まさに世俗の恩愛を超えたところに仏道の真理の世界が成り立っていることを示している。親子の情愛による結合は、現世においては全うされず、仏道の真理世界は、現世的な親子関係を超えてはじめて到達することが可能であるとされた。

　それに対して、説経節の『かるかや』を原拠として並木宗輔、並木丈輔が合作した『刈萱桑門筑紫轢《かるかやどうしんつくしのいえづと》』と題された浄瑠璃（一七三五年、大坂豊竹座初演）では、従来の刈萱道心説話を取り込みつつも、全体的には、繁（重）氏が去った後の加藤家を舞台として、家を守る忠義の家臣の術中にはまって愛する男性をかばいながら死んでいく、「夕しで」という女性が主人公となって繰り広げるストーリーが中心となっており、中世の物語と近世文学との落差を示している。また、滝沢馬琴の『刈萱後伝玉櫛笥《かるかやごでんたまくしげ》』が、「かるかや」説話を典拠にとりつつも石堂（童）丸による加藤家再興の物語として筋立てをかえてしまっているのも、近世的な変容と言えよう。

＊2　他にも「浮世男」は「遊里などで遊ぶ浮気な男」を、「浮世狂い」は「遊女に熱中すること」、「浮世心」は「酒色などの享楽に惹かれる心」を意味した。

＊3　なお、遊里と芝居町とは二大悪所であり、両者ともに世俗世界のただ中にあってもっとも現世的快楽の享受が盛んに行われたところであったが、たとえば近松の『曽根崎心中』冒頭の「観音廻り」や馴染みの客と心中を遂げる主人公の遊女お初が観音に重ね合わされていることなどからわかるように、それは、

ある種の超越的なるものが「擬似的に」顕現する場所としても考えられていた。この二つの場所は、近世における超越的なるものの現象形態を考える上で重要なものであるが、この問題については別稿を期したい。

＊4　近世仏教については従来、中世仏教と比較して、顕著な思想的展開もなく、あまりみるべきものはない、と言われることが多かった。また、中世仏教が、社会不安の中で悩み苦しむ一般大衆の救済をめざしたのに対して、近世仏教は、相対的に安定した泰平の世にあって、権力の末端を担ったと指摘されたりもし、極端な場合には「堕落仏教」というレッテルが貼られることすらあった。しかし、近年は、近世仏教に対する見直しが進み、近世仏教のプラスの側面として、庶民生活への仏教の浸透がより進んだこと、宗派の学問である宗学が発達したこと、近代仏教へと繋がる思想傾向がすでにみられることなどが指摘されている。近世仏教の再評価に関する近年の業績としては、西村玲『近世仏教思想の独創――僧侶普寂の思想と実践』（トランスヴュー、二〇〇八年）、末木文美士『近世の仏教――華ひらく思想と文化』（吉川弘文館、二〇一〇年）などがある。

2　「修行」と「修養」という言葉の意味

「修行」と「修養」の相違という問題を検討するにあたって、まずそれぞれの言葉に関して簡単に確認しておきたい。

「修行」とは、漢訳仏典に広くみられる言葉であって、日本においてもよく用いられている。そのサンスクリット原語としてはabhyāsa, yoga, pratipattiなどがあげられる。そのうちabhyāsaは「繰り返して身につけること」を、yogaは「独自の坐法や呼吸法による瞑想」を、pratipattiは「実践」を意味する。初期仏教以来、解脱による苦の滅をめざして出家した修行者たちは、戒律を遵守した生活を日々行いつつ、禅定《ぜんじょう》・三昧《さんまい》の瞑想を深め、これらを継続させていくことによって「さとり」の智慧を体得しようとした（戒《かい》・定《じょう》・慧《え》の三学）。そこでは、坐禅瞑想が必須の宗教的実践とされ、修行の中軸とされた。この「修行」という言葉自身は、中国では仏教以前から使われていた言葉ではあるが、中国への仏教伝来以降は仏教用語として定着し、日本仏教においてもこの言葉は、仏道における宗教的実践を表す言葉として盛んに使用されたのである[*1]。

さて、日本では基本的には仏教用語として用いられた「修行」に対して、「修養」という言葉自体は、必ずしも仏教と結びつけて用いられてきたわけではない。この「修養」という言葉は、その起源を道家の養生術にまで遡ることができると言われているが[*2]、この言葉が日本思想史上で注目すべきタームとして登場するのは、明治四十年代から大正にかけての時期である[*3]。当時、いわゆる「修養書」ブームが起こり、新渡戸稲造をはじめとして有名無名の多くの著作者が、一般大衆に、「修養」すなわち「身を修め、心を養い、理想的な人格の形成をめざすこと」の重要性と、「修養」を積んで社会の中で有為の人材となるべきことを、現実に即して平易に説いた。日露戦争（明治三十七—三十八〔一九〇四—〇五〕年）以降、産業構造の変化、資本主義の発展に伴って、旧来の価値観が流動化し、弱肉強食、没理想の功利主義、拝金主義が横行する中で、生きる指針を求める人々に支えられて、「世渡りの道」（新渡戸の代表的修養書の題名）を説く修養書はベストセラーを重ねたのである。

しかし、「修養」という言葉によって意味されているものは、近代のこの時期にはじめて現れたものではない。それは前近代、とりわけ江戸時代以降の思想の歴史において、人格形成の手立てとして重んじられてきたものであり、「修養」の重視は、近世・近代を貫いて現代まで続く道徳思想の特徴でもあり、*4 近世仏教にもそのことが反映されているのである。

＊1 たとえば、『史記』宋微子世家に「仁義を修行す」、『漢書』儒林伝に「先王の道を修行す」とあり、いずれも「儒教の教えによって徳行を実践する」という意味で用いられている。

＊2 たとえば、北宋時代に成立した「小道蔵」と呼ばれる『雲笈七籤《うんきゅうしちせん》』に「修養の道」についての言及がみられる。『雲笈七籤』は、北宋の張君房《ちょうくんぼう》編で、同人が真宗の命によって編纂した道教経典の網羅的コレクション『大栄天宮宝蔵』（現在は散逸）を要約した、道教概論とでも言うべきものである。その中に「洞元經云。修養之道。先除嗜欲」（『洞元経』では次のように言っている、「修養の道は、まず欲望を除くことにある」）とある。また、『宋史』巻四百四十一列伝には李建中（九四五―一〇一三年）について「建中善修養之術」（建中は、修養の術をよくした）とある。また、散逸してしまったが、『太上修養秘訣仙経』のあったことが『正統道蔵』『道蔵闕経目録』『中華道蔵目録』など各種目録から知られる。また、宋代の『近思録』為学五十にも引用された程頤『河南程子遺書』巻第十五には、「修養の年を引《の》ぶる所以、国祚の天の永命を祈る所以、常人の聖賢に至る、皆工夫這裏に至れば、則ち自らこの応有り」（自分が養生をすることによって寿命を延ばすようにする、天に国家の生命が天から授かったように永遠なれと祈る、普通の人間

が聖人になる、努力がそこまでいくと、感応があるのだ）とある。この一節は、伊藤仁斎『童子問』中巻三十章にも引かれている。

＊3　新渡戸稲造『世渡りの道』は大正元年に発行され、また同『修養』は明治四十四年初版で、百四十回重版された。この二書と『自警』（大正五年）を加えて三部作という。引用としては佐藤一斎、孔子、孟子など儒教関係が多いが、ソクラテス、キリスト、ゲーテ、シェイクスピア、ナポレオン、西郷隆盛など古今東西の「偉人」の名言、人生訓が幅広く用いられている。また新渡戸は明治四十五年に一高校長に就任しており、一高生への講話の際にもこれらが引用された。なお、明治大正期の「修養」主義に関しては筒井清忠『日本型「教養」の運命――歴史社会学的考察』第一章「近代日本における教養主義の成立――修養主義との関連から」（岩波書店、一九九五年、後に岩波現代文庫に所収）を参照。筒井は、修養主義を土台としてそのエリート旧制高校生版として教養主義が成立したと述べている。

＊4　通俗道徳としての「修養」の実例としては、江戸時代の心学から現代のいわゆるビジネス書、自己啓発書まで枚挙にいとまがない。

「修養」と「修行」とは、ある個人が、意図的に身心を鍛錬して道に従い、自らの徳を養って理想的な人格を形成することをめざす点においては共通しているが、両者は異なる点も多い。日本仏教、とりわけ禅を例にとって、その教化が何をめざし、何を勧めたのかという観点からごく大摑みに言うならば、中世の禅宗における「修行」と、近世の禅宗における「修養」という参照枠を設定することができる。

つまり、中世の禅宗に入門した者は、師について身心ともに修行をする。それは「仏祖のまねび」、すなわち釈迦がなしたのと同じ「かたち」をなぞって修行することであり、最終的には、自らが仏（仏陀＝覚者、真理に目覚めた者）となって、仏として他者を導くことをめざす。他方、近世の禅宗においては、盛んに教化活動が行われ、一般人を対象とする法談の場が設けられて、場合によっては何千もの人々が参集し、説法の座に連なった。そこで教化の対象とされた人々は、上は大名から下は市井の庶民まで幅広い階層におよんでいたが、彼らの多くは出家を望んでいたわけではない。彼らは、基本的には、説法を聞き、道徳性を高め、生きる意欲を養い、それによって世俗世界における自らの役割を自覚的によりよく果たすことをめざしていたのである（たとえば、坐禅をはじめとする肉体的訓練が勧められる場合であったとしても、それは成仏〔＝開悟成道〕のためのものと言うよりも、精神統一や調息法によって身心の健康や活力増大を実現するためのものであり、それによって世俗世界における生活をより充実させることが、最終的な目標とされたのである）。

議論を整理するために、両者の違いを、一、世俗と仏道との関係、二、身体性、三、理想的人格の三つに絞って、単純化して図式的にまとめるならば、次のようになる。

一、中世の「修行」が、世俗世界を超えたところに仏道世界を設定し、世俗世界を離脱して仏道修行するのに対して、近世の「修養」は、世俗世界からの離脱を想定せず、むしろそこにおける充実した生をめざしている。

二、中世の「修行」が、身心をあげて行うものであったのに対して、近世の「修養」は、身体的修行をともなうことがあったにしても、その主眼は、説法を聞き、道を自覚するというところにあった（むしろ、身体的修行にあたるのは、世俗における役割行動であった）。

三、中世の「修行」は最終的に、世俗を超越して「仏」となり、自ら衆生を救済する立場となることをめざした。それに対して近世の「修養」は、「さとり」を開き、成仏することはめざさず、世俗世界における役割を十全に果たし得る理想的人格となることをめざした。

以上について、中世の「修行」の立場からは道元を、近世の「修養」の立場からは盤珪《ばんけい》（一六二二―九三年。臨済僧、妙心寺第二百十八世、龍門寺開山）を取り上げて、両者の思想を比較しつつ検討してみよう。

3　「修行」と「修養」との相違

世俗と仏道との関係をめぐって

まず、道元における仏道世界と世俗世界との関係を簡単に説明しておこう。

釈迦が、次期国王としての地位と家庭とを捨てて出家し、修行して開悟成道したという仏教の原点となる仏伝のエピソードからもうかがえるように、仏教では世俗世界はまず離脱すべきところと捉えられる。俗世にあって、俗人は煩悩、すなわち自他や対象に対する執着から離脱することができない。そもそも、世俗世界そのものが、かりそめの自己を実体化し、それをその構成要素とすることによって成り立っている。それゆえに、世俗世界に身を置く者は、世俗世界にいるというその事実において、執着を免れられない。そこでどのような善行をなそうとも、それは誤って実体として立てられた自己を起点とする限り、仏教的には、煩悩によるものに他ならないのである。俗世は、「我執」としての自己を基本的要素として成り立っている世界である。したがって、「我執」を離れて解脱することによって真の安楽を求める教えである仏教においては、まず世俗世界を捨てることを説くのである。

もちろん、初期仏教以来、俗人に対する説法が行われ、さまざまな事情で出家することができない俗人に対しても、僧への布施や戒律の遵守などの仏教的な善根を積むことで、それなりの功徳が得られると説かれた。しかし、修行に専念できない在家信者は、最終的な解脱を得ることはないとされた。このことは、俗人には輪廻転生からの解脱は不可能で、輪廻によって経めぐるべき六つの世界のうちでは最高の世界である天（神々の世界ではあるが、苦しみからは逃れられない場所）に生まれかわることができるにとどまるとされたことからもうかがえる。

苦から脱却し、完全なる安楽を得るための道は、この世を離脱する以外にはないというのが、釈迦の基本教説であった。釈迦の直系を自認する道元にとっても、世俗は背くべきものであった。そのことは、たとえば『正法眼蔵随聞記』四所載の一つの記事からも読みとれる。そこで道元は、ある人から、「自分には老母が居て、母に孝養を尽くすために世俗との交わりを断てず、仏道修行に専心できない。母を捨てて仏道に入るべきだろうか」と相談される。この「ある人」は、仏道に心を寄せ、出家を望みながらも母への恩愛を断ち切れず、出家の道に踏み切れない悩みを道元に打ち明けたのである。それに対して道元は、「それは大変に難しいことであって自分が指図することではなく、自分自身で考え、決断すべきことである」と言い、また「母親が生活できるようにしておいて、息子の方も出家できればそれにこしたことはない」と言いつつも、自分の最終的立場として次のように述べる。

もし今生《こんじょう》を捨てて仏道に入りたらば、老母たとひ餓死すとも、一子を放《ゆる》して道に入れしむる功徳、あに得道《とくどう》の良縁にあらざらんや。我も広劫多生《こうごうたしょう》にも捨て難き恩愛を、今生人身《にんじん》を受けて仏教に遇へる時捨てたらば、真実報恩者の道理、何ぞ仏意に叶《かな》はざらんや。一子出家すれば七世のおや得道すと見えたり。何ぞ一世の浮生《ふせい》の身を思つて永劫安楽の因を空しく過ごさんやと云ふ道理もあり。是れを能々《よくよく》自らはからふべし。

（道元全集下巻、四六七頁）

（もし、〔あなたが〕この世を捨てて仏道に入るならば、老母はたとえ餓死したとしても、一人子を手放して仏道に入らせた功徳は、どうして〔老母が〕「さとり」を開くよい縁にならないだろうか。自身も輪廻転生する長い時間ずっと捨てることの難しかった恩愛を、今生で人間の身を受けて仏教の教えに出会えたこの時に、捨て去るならば、それこそ真実の親の恩に報いる道理であり、それは仏の意にかなうだろう。一人の子が出家すれば、七代遡った親がみな、「さとり」を開けると言われている。どうしてこの一生、無常な身であると考えて、永遠の幸福〔解脱〕

の因を作らずにむなしく過ごすのかという道理もある。よくよく考えてみなさい。）

世俗道徳からするならば、たとえそれが出家のためであろうと、孝養を尽くすべき母を捨てるということは許されることではない。それに対して道元は、いろいろな留保はつけつつも、最終的にはたとえ母が餓死したとしても恩愛を捨てて出家すべきであると述べている。ここでは、母への孝養という世俗道徳が超えられているということができる。（もちろん、母は子を出家させたことによって功徳を得るのだから、捨てることがかえって親孝行だというロジックが用いられたことは、引用文からもうかがえはするが、道元の主張点は「俗世のすべてを捨てて出家せよ」ということである。）

また、同じく『正法眼蔵随聞記』六では、道元の師であり、ともに入宋求法《ぐほう》した明全《みょうぜん》が、余命いくばくもない師匠から、「自分を看取るために入宋を延期してほしい」と懇願されたにもかかわらず、「一人のためにうしなひやすき時を空くすぐさん事、仏意にかなふべからず」（師匠一人のために移ろいやすい時をむなしく過ごすことは、仏の意にかなわないだろう）（道元全集下巻、四八六―四八七頁）と言って、師を振り切って入宋を断行したというエピソードが紹介されている。道元は、明全が師の願いをさしおいて真理を求めたことを賞賛しているのである。また、『正法眼蔵随聞記』二では、唐代の禅僧である南泉普願《なんせんふがん》が、弟子を教え導くためにあえて猫を切り殺したという「南泉斬猫《ざんみょう》」の公案が紹介される。道元は、この「斬猫」という殺生の行為を、「この斬猫即ち是れ仏行《ぶつぎょう》也」（道元全集下巻、四三一頁）と述べ、殺生という行為すら、弟子たちを導き、仏道を顕現する上では「仏行」になり得るという、価値転換について語っているのである。*

＊　この「南泉斬猫」は、猫について仏性の有無を争っていた弟子たちの迷いを断ち切るために、師である南泉普願が猫を一刀両断したという公案である。この意義と解釈について詳細は、拙著『道元の思想──大乗仏教の真髄を読み解く』第六章「善悪の絶対性と仏教」（ＮＨＫ出版、二〇一一年）を参照されたい。

以上に挙げた道元の例からもわかるように、中世の「仏道修行」とは、その理想形態としては、世俗世界を超えたところに仏道世界を設定し、世俗の価値観や道徳に囚われず（場合によっては否定すらして）、世俗を離脱して仏道世界に入り、仏道の真理を体得することをめざし、ひたすら修行に励むという営みであった。それに対して近世の「修養」は、世俗世界からの離脱を想定はしない。むしろ、そこにおける充実した生（人間関係の円滑化や家業の繁栄）をめざすのが「修養」であると言える。

たとえば、盤珪《ばんけい》は、彼の説法を聞くために集まった人々に対して、繰り返し、「不生《ふしょう》の仏心に目覚めよ。そうすれば、この世の中においてよりよい生を営むことができる」と述べる。この「不生の仏心」とは、「其親のうみつけてたもつた仏心は、不生にして霊明なものにきわまりました」（盤珪全集、四頁）と言われるように、人間誰しもがもっている「仏心」であり、それが「不生」、つまり生じたのではないと言われるのは、意図的に作り出したものではなく、本来的・生得的に具わっているということである。そして、仏心が本来的に具わっている証拠について、盤珪は、たとえば次のように、一般の人々に対する説法の中で述べている。

皆こちら向ひて身どもがこう云ふを聞《きき》ござるうちに、後で啼く烏の声、雀の啼く声、風の吹く声、それぞれの声を聞かふと思ふ念を生ぜずに居るに、烏の声、雀の声、風の吹く声、それぞれの声が通じ分かれて、聞たがわず聞ゆるは、不生で聞くと云ふものでござるわい。其のごとく、一切の事が不生で調いますわい。（盤珪全集、四頁）

（みなさんがこちらを向いて、私がこのように説法するのを聞いている時に、後ろで啼く烏の声、雀の啼く声、風の吹く声、それぞれの声を聞き分けようという心を生じさせるわけではないのに、烏の声、雀の声、風の吹く声と、それぞれの声がはっきりと分かれて、間違えなく聞こえるのは、「不生」で聞くというものだ。このように、一切の事が「不生」で調うのだ。）

盤珪は、「不生の仏心」の証拠を、何かを聞こうと意図しないでも、自然に音が聞き分けられるという事実に見出す。つまり、人間の心には、本来的に正しく物事を弁別するはたらきが宿っており、それを自覚し、機能させることが重要であると言うのである。人間の心に本来宿る「仏心」とは、伝統的な仏教用語でいえば、「仏性《ぶっしょう》」（仏の本質であり、衆生が本来この本質に蔵されているとともに、この本質を蔵しているとされた）と重なろう（このことに関して詳細は、前掲拙著『道元の思想』第三章「道元における仏性」を参照されたい）。

仏性に関して付言するならば、一般には、これは衆生が蔵するものという方向性でのみ語られているが、本来は、衆生が仏性を蔵する（能蔵《のうぞう》）と同時に、衆生も仏性によって蔵される（所蔵《しょぞう》）と理解すべきものである。たとえば、ここでの比較対象である道元を引き合いに出すならば、道元の『正法眼蔵』「仏性」巻における仏性に関する理解は、まさにこの「能蔵」と「所蔵」とのダイナミズムを基盤として展開されている。「悉有《しつう》仏性」を「ことごとく仏性あり」ではなく、「悉有（真なるものとしての存在）は、仏性そのものである」と道元が読みかえたのは、まさにこのことの現れである。仏性とは自己に内在する本質であるだけではなく、自己を超越する「場」でもあり、その場にあるがゆえにあらゆるものが真なるものとなる。しかし、近世仏教の盤珪においては、「仏心」（＝仏性）は、衆生の中にある認識と道徳との根拠である善性として捉えられ、「能蔵」の側面が強調されるものの、「所蔵」の側面については特に注意を払われていない。このことは、現実世界の根源にあり、また世俗世界を超越した真なる世界、つまり「縁起－無自性《むじしょう》－空」なる「場」へと衆生が超出していく可能根拠となる「所蔵」の側面が軽んじられ、ないがしろにされがちであったと解釈することもできよう。

さらに盤珪は、生得的に具えている仏心さえ発揮することができれば、すべてのことが首尾よく運び（「一切の事が不生で調いますわい」）、とりわけ日常生活における人間関係がうまくいくことを強調する。盤珪の説法の場には、さまざまな人間が集まったが、俗人の中には人間関係の葛藤を抱えた人も多くいた。彼らは、盤珪の話を聞くことによって、自らの悩みを解決することを期待して説法の席に連なっていた。盤珪は、これらの人々に、「不生の仏心」に目覚めるとは、自らの中にある善性に目覚めることであり、それを発揮することができるならば、周囲と調和的関係が達成され、世俗道徳も全うされると説いたのである。*

＊ たとえば、元禄三年に讃岐丸亀の宝津寺で連続して行われた説教の中で盤珪があげている例は、次のようなものである。夫や姑との仲が悪く、子をおいて家出した主婦が実家に戻る途中、ふとしたきっかけで盤珪の説法を聞き、自ら「不生の仏心」に目覚め、わが身のいたらなさを深く反省した。彼女は、婚家に戻って詫びをいれ、以後心を入れかえ、家族仲良く暮らすようになり、夫や姑と連れ立ってたびたび盤珪の説法を聞きにくるようになったと言う（盤珪全集、五五―五七頁）。

そして、「不生の仏心」に目覚め、自らの仏心を発揮して生きることのできる人を、盤珪は「活仏《いきぼとけ》」と呼ぶ。「人々、不生にして霊明なが仏心に極た事を決定して、不生の仏心でござる人は、今日より未来永劫の活如来と申す物でござるわい」（盤珪全集、五頁）という言葉からもみてとれるように、「不生の仏心」を自覚し、それを保てる人こそが仏である。人は、生まれながらに善なる仏心をもってはいるが、成長していく過程で、我欲（「身の贔屓《ひいき》」）をつのらせ、「不生の仏心」を覆ってしまうから、地獄や修羅道、餓鬼道などの悪道を輪廻転生せざるを得ない。しかし、盤珪の説法を聞くことによって、自らの中にある「不生の仏心」に気づき自覚することができる。これができさえすれば、「活仏」となることができる、というのである。「成仏」（＝開悟成道＝真理の体得）とは本来、俗世を捨てて「修行」に専念する出家者のみが成就できるものと理解されていたが、盤珪は、説法を聞いて自らを省みて「不生の仏心」に気づけば、それで「活仏」であり、「活仏」として俗世を生きていくのだと主張しているのである。

「活仏」になると、我欲が無くなり、虚心に物事に対処できるようになるから、武士は武士としての、農民は農民としてのなすべき務めを的確に果たせるようになる、と盤珪は説く。[*1] そして、このような「活仏」としての実践について盤珪は、たとえば『盤珪仏智弘済禅師御示聞書』下において、「奉公つとめらるゝ衆は、男女とも主人へ、一心なげて勤められ。我身に少しも贔屓なく、奉公いたさるゝが、第一のつとめでござる」（『盤珪禅師語録』六二頁）[*2] という。世俗における、主人と奉公人という身分道徳を守り、「奉公」することこそが、「不生の仏心」を保つことだとされているのである。武士は主君に対して、[*3] 職人は親方に対して、丁稚は商店主に対して、私心を捨てて奉公することこそが「不生の仏心」を顕現することになるのだ、と盤珪は説くのである。このように、職業生活への「無私」の精励を通じて、「我欲」を捨てて心と人格を磨き、世俗の中で自分なりの地位を得て充実して生きることが、盤珪にとっての仏道を生きることであり、そのことを彼は、俗人たちに語り続ける。まさに、「修養」の勧めであったと言えよう。

＊1　たとえば、『盤珪禅師説法』には、武士は「不生の仏心」をもって主君に忠義を尽くすべきだという説法や（盤珪全集、六〇頁）、説法を聞いて「不生の仏心」に目覚めれば、「士農工商、産業家職、それは己が三昧で御座る」（同書、六二頁）という境地になるという説法をはじめ、仏道の教えに従い、自分の生まれつきの心を取り戻し、各自の職業生活に励むべきであるとする説法が数多く収められている。

＊2　『盤珪禅師語録』（鈴木大拙編校、岩波文庫、一九四一年）六二頁を意味する。なお、『盤珪仏智弘済禅師御示聞書』は、『盤珪仏智弘済禅師法語』とも言い、江戸時代に刊行された唯一の法語であるが、不備や誤記が多く、前掲『盤珪禅師全集』には一部のみ収録されている（前掲、盤珪全集第五部資料解説、八二〇頁）。

＊3　盤珪は、武士が主君のために戦いで人を殺すことは武士の務めであるから、それを殺生とは呼ばないとする。『盤珪仏智弘済禅師御示聞書』下に、「主君の先懸、敵を打取申やうな、殺生もござれども、是は侍の所作にて、侍の身の上にては殺生とは申さぬ」（前掲『盤珪禅師語録』七四頁）とある。ただし、これは、道元が「南泉斬猫」を引き合いに出して述べた、「斬猫という殺生の行為も仏行である」とするような「殺生」の理解とは異なっている。道元の方は、あくまでも仏道の真理の探求においては、世俗的な道徳は超えられるべきであるという前提であるのに対して、盤珪は、世俗における役割行動を全うする過程で宗教的な戒律に反する行為をしたとしても、それは許容されると述べているのであり、あくまでも世俗世界における自己実現をめざしているのである。

身体性をめぐって

仏教における「修行」とは、釈迦の菩提樹下における瞑想と「さとり」とを原点として、釈迦の作った初期教団から受け継がれた（と少なくとも信じられてきた）戒・定・慧の三学を行うことである。教団における所定の生活規範を守りつつ、坐禅瞑想をはじめとする日々の実践によって煩悩を離れて身心の浄化に努め、それを通じて智慧（真理を把握する絶対的智慧で、日常的事柄に対する相対的知恵、すなわち二元相対的分析知とは区別される）を体得することをめざす。

さて、道元が中国に留学して学び、帰国後に広めた曹洞宗は、仏教の諸宗派の中でも坐禅という身体修行を重視する一派であった。道元が中国からの帰国直後に著した『普勧坐禅儀《ふかんざぜんぎ》』にも書かれているように、坐禅の際は所定の「型」に自らの身体を沿わせていく。足を組んで坐り、掌を重ねてその上に置き、背筋を伸ばす。舌は上あごにつけ、唇も歯もきちんと合わせ、目はかならず常に開いておく。このように厳密に「型」を守るのは、その「型」が釈迦の菩提樹下での坐禅瞑想の姿をなぞったものであると考えられていたことによる。道元は「身心一如」を強調し、自らの身をその「型」に沿わせることで、「私のはからい」を離れて心も浄化され、「身心脱落」するという。『普勧坐禅儀』に「自然に身心脱落し、本来の面目現前せん」（道元全集下巻、三頁）とあるように、坐禅により本来の自己が明らかになる。

本来の自己とは、道元においては、ありとあらゆるものが相互相依し、関係的に成立し合っているという「縁起–無自性–空」の「場」における自己であり、それは永遠不滅の本質としての実体（我＝アートマン）ではないという意味で「無我」、「非我」とも言うことができる。つまり、全時空のあらゆるものと関係し合いつつ、「今、ここ、この私」として仮に成り立っているものとしての自己である。このような自己が実現されるということが、「私のはからい」を離れて心が浄化されるということである。

坐禅において、本来あるところの自己を実現するということは、道元の言葉を用いれば「証上《しょうじょう》の修《しゅ》」「修証一等《しゅしょういっとう》」である。このことについて、主著『正法眼蔵』の先駆けとも言える「弁道話《べんどうわ》」において、道元は次のように述べている。

それ修証はひとつにあらずとおもへる、すなはち外道《げどう》の見なり。仏法には、修証これ一等なり。いまも証上の修なるゆゑに、初心の辦道《べんどう》すなはち本証の全体なり。かるがゆゑに、修行の用心をさづくるにも、修のほかに証をまつおもひなかれとをしふ。直指《じきし》の本証なるがゆゑなるべし。すでに修の証なれば、証にきはなく、証の修なれば、修にはじめなし。

（道元全集上巻、七三七頁）

（修証は一体ではなくて別々だと思うのは、外道の考え方である。仏法では、修証一等である。「さとり」（証）の上の修行であるから、初心者の修行もまた、「本来的なさとり」（本証）の全体である。だから、修行の用心を教えるにも、修行のほかに「さとり」を期待してはいけないと教える。直接的に現れる「本来的なさとり」であるからこうなのだ。すでに（無窮の）修行によって顕現される「さとり」であるから、「さとり」に限界がなく、（無始無終の）「さとり」を基盤とした修行であるから、修行にははじめはない。）

道元にとって修行と「さとり」（証）とは別々のものではなく、修行は、「さとり」を基盤として成り立つ（「証上の修」「証の修」）。これは、本来的には、修行者がすで「さとり」を得ている、つまり「縁起‐無自性‐空」なる「場」にいるということである。しかし、修行の発端においては自分自身がすでに「さとり」の上にいるというような実感はない。そこで修行が開始される。そのとき、修行者は「さとり」をゴールとしてとりあえずは想定し、何とかそこに到達したいと努めるのであるが、実はそこに到達したいと志すことが可能であるのは、すでに本来的に「さとり」の上にいるからだ、と道元は主張するのである。

そのことに、修行者は、修行中のある特権的な瞬間において身をもって気づく。そのときはじめて、修行者は、自分が修行を開始した時点からすでに、「さとり」の次元すなわち「縁起–無自性–空」なる「場」に身を置いていたことを実感する（「初心の辦道すなはち本証の全体なり」）。ここには、本来の自己に還帰するという循環構造があると言うことができる。目的の実現は、その目的自体が基盤となることで可能となっている。これこそが、道元の思想の特徴として言及される「修証一等」なのである。

そして、「修のほかに証をまつおもひなかれ」と言われているように、決して、「さとり」（証）という目的のために「修」を手段とするということではなく、「さとり」と一体であるところの修行をなすことだけが、「さとり」を顕現し続けることである（「修の証」）。そうであるとすれば、衆生にとってなすべきことは、まさに「修行」のみなのである。修行以外に「さとり」はないのだとすれば、修行し続ける以外に、さとりを保持する方法はないことになるのだ。

そして、「すでに修の証なれば、証にきはなく、証の修なれば、修にはじめなし」と言われるように、修行と「さとり」とはお互いを基礎づけ合うという循環構造をもっているがゆえに、どちらかが出発点であったり、到達点であったりすることは不可能である。道は無窮であり、修行をする一瞬一瞬こそがさとりが顕現される一瞬一瞬なのである。

以上、身体を所定の「型」に沿わせることからはじまる坐禅が、どのような「さとり」の世界を切り拓くのかを簡略に説明した。

次に、盤珪における修行の位置づけをまとめておこう。結論を先取りして言うならば、盤珪は出家した弟子に対しては、前述の道元にみられるような自己の本来の面目（＝不生の仏心）を自覚し顕現するものとしての厳しい坐禅修行を課したのであるが、[1]俗弟子に対しては、前項で述べたように、説法を聞いて世俗世界の中でよりよく生きることを説いた。

盤珪は、自分自身は、死に瀕するほどの過酷な修行をしたことで有名であるにもかかわらず、[2]一般の聴聞者に対しては、不生の仏心に目覚めるためには、それについての説法を聴聞するだけで十分で、公案を参究したり、疑団《ぎだん》を起こしたり、坐禅したりというような修行は不要であると言い切っている。たとえば、盤珪は次のように言う。

只今皆の衆はいかい仕合な事でござる。身どもらが若い時分には、明知識がござらんなんだか、ござつたれども不縁で御目にかゝらなんだか、殊に若い時からして身どもは鈍にござつて、人の知ぬ苦労をしましての。いかいむだ骨を折りましたわいの。其のむだ骨折た事が忘れられず、身にしみましてござる故、こりはてた程に、それを思て、皆の衆骨折らしませず畳の上で楽に法成就させましたさに、精だして此やうに毎日で、、催促します事でござるはいの。皆の衆は仕合な事じやとをもわつしやれ。

（盤珪全集、一二頁）

（今の人はみな幸せなことだ。自分たちが若いころは、優れた指導者がおらず、いても縁がなくてお目にかかることができなかった。特に自分は若いころから悧巧ではなくて、人がしていない苦労をして、無駄骨を折った。そのことが忘れられず、身に染みて懲りているので、それを思ってみなさんが苦労なく、楽に仏道を成就できるように、一所懸命にこのように毎日説法に出てきて、〔仏法を悟るように〕促しているのだ。みなさんは幸せなことだと思いなさい。）

ここで盤珪は、「不生の仏心」を自覚するために、自分自身は苦労して坐禅修行に励んだのであるが、それは無駄骨で本来はしなくてもよい苦労であったと言う。盤珪の説法を聞きにきた聴衆は、苦労して修行しなくても、畳の上で盤珪の説教を聴聞するだけで、「不生の仏心」を自覚することができ、幸せなことだ、と盤珪は繰り返す。「不生の仏心」を顕現するためには、坐禅修行は決して必須のものではなく、むしろ日常の一つ一つの行為に「不生の仏心」を現すべきであると言うのである。

このように、盤珪は、俗弟子に対しては、基本的に説法を聴聞して「不生の仏心」に目覚めることを勧め、公案参究を通じて疑団を起こしたり、坐禅したりというような修行は不要であるとして、「是（不生）を決定《けつじょう》さつしやれば、たゝみの上で骨折ず心安う活如来でござる」（盤珪全集、一七頁）と言う。つまり、「〔俗弟子たちは〕苦労して修行しなくても、畳に坐って盤珪の説法を聞くことで不生の仏心に目覚めさえするならば、それだけで仏心をもった活き仏そのものだ」と言うのである。教団において伝えられてきた伝統的な型に沿う身体的実践としての修行は、俗人信者には不必要だと言うのだ。

では、盤珪は内面的自覚のみを重視し、身体的実践をすべて否定したのだろうか。いや、そうではない。盤珪にあっては、俗人信者たちが説法を通じて自覚した「不生の仏心」は、日常的な役割行動の中において実現されることが期待されたのである（特に、前述のように、家業への精勤と日常的人間関係への誠実なコミットメントとが強調される）。「不生の仏心」を顕現するためには、坐禅修行は決して必須のものではなく、むしろ日常茶飯の人間関係における一つ一つの行為に「不生の仏心」を現すべきであると言うのである。

盤珪においては、身体はもはや「さとり」を通じて日常を超えた超越的次元に参与するものではなく、常に日常的次元において、つまり水平的方向でのみ他者とかかわり合いつつ生きるべきものであった。近世の仏教者の教説に共通する特徴として、非日常的な身心の実践ではなく、日常的な「修養」の重視、具体的に言うと、現世の家業や人間関係における徳行の重視がみられる。そして、それらの教説は、大衆向けに大規模に開催された説法の聴聞や、大量に流通した通俗仏教書や仮名法語などの講読を通じて流布されていった。身体を非日常的な「型」に沿わせることで、身心ともに日常性を超えた境位を実現しようとした「修行」とは対照的に、「修養」においては身体性には直接にはたらきかけることのない聴聞や読書も重視されたのである。

＊1　盤珪は、俗人たちに「不生の仏心」に基づいて、世俗の職業生活に精励することを勧める一方で、自分自身、人倫を絶した山奥の庵に籠もり、詩偈《しげ》を作り、坐禅修行に励んだ。このような修行は、自らが人倫世界（俗世）に仏として現れ、仏として説法をするために是非必要なものであった。仏教では、悟った仏（覚者）は、自らの得た真理を、無知なるがゆえに苦しむ衆生に対して説かなければならない。つまり、説法者としての盤珪は俗人たちに対しては仏として臨んでいたのである。それに対して、俗人は、真理を説く者という意味での仏になることは期待されていない。盤珪が俗人に対して説いた「活仏《いきぼとけ》」とは、不生

を自覚して現世の日常を生きる者である。盤珪は、俗人に対して、仏教を信じることは、無常なる現世を捨て出家することに帰結しないと説く。このとき衆生は、自ら真理を説く存在になることは求められず、一方的に真理を授けられ、その真理に基づいて俗世の日常を生きることを期待されるにとどまる。俗人は、仏としての盤珪の説法を聞くという非日常的な営みを通じて、俗世の日常を生きることの意義を確認したと言えよう。

＊2　出家した盤珪は、庵に籠もって激しい修行をするうちに身心ともに病んでしまった。病気は重くなり、一時は死を覚悟するほどに悪化するが、瀕死の盤珪はあるとき、ふと「一切が不生で調う」と気づく。これが盤珪の開悟成道である。また、同じ体験について、弟子が書き残した伝記『行業曲記《ぎょうごうきょっき》』には、病重篤となったある日、ふと梅の香りをかいで開悟成道し、病も癒えたと記されている。

理想的人格をめぐって

修行とは、真理を体得して覚者になることをめざす行為である。覚者とは真理に目覚め、開悟成道した仏（＝仏陀）である。ここで言う「さとり」とは、道元においては、自らの本来性としての「縁起‐無自性‐空」を顕現することであり、それは「修証一等」である修行によって実現された。「縁起‐無自性‐空」とは、存在論的にいえば関係的成立であり、実践論的にいえば、自他の相互相依、自他不二を根底とした「無我」（我執からの脱却）、「慈悲」、「利他」ということになる。全時空の全存在の一体性という、坐禅が拓くこのような境地について、道元は「弁道話」において次のように述べる。

もし、人一時なりといふとも、三業《さんごう》に仏印《ぶっちん》を標《ひょう》し、三昧《ざんまい》に端坐するとき、遍法界《へんほっかい》みな仏印となり、尽虚空《じんこくう》ことごとくさとりとなる。（中略）このとき、十方法界の土地・草木《そうもく》・牆壁《しょうへき》・瓦礫《がりゃく》みな仏事をなすをもて、そのおこすところの風水《ふうすい》の利益《りやく》にあづかるともがら、みな甚妙《じんみょう》不可思議の仏《ぶっ》化《け》に冥資《みょうし》せられて、ちかきさとりをあらはす。（中略）この化道《けどう》のおよぶところの草木・土地、ともに大光明《だいこうみょう》をはなち、深妙法をとくこと、きはまるときなし。草木・牆壁はよく凡聖含霊《ぼんしょうがんれい》のために宣揚《せんよう》し、凡聖含霊はかへって草木・牆壁のために演暢《えんちょう》す。（中略）ここをもて、わづかに一人一時の坐禅なりといへども、諸法とあひ冥《みょう》し、諸時とまどかに通ずるがゆゑに、無尽法界のなかに、去来現《こらいげん》に、常恒《じょうごう》の仏化《ぶっけ》道事《どうじ》をなすなり。彼彼《ひひ》ともに一等の同修なり、同証なり。

（道元全集上巻、七三一頁）

（もし、人がほんの一時だろうとも、身口意に仏の印を表し、三昧の中で坐禅するとき、全世界がみな仏の印となり、全世界がみな「さとり」となる。（中略）このとき、全世界の草木、垣根や壁や瓦や小石は、みな仏の行いをなすのであるから、その功徳に与るものはみな不可思議で素晴らしい仏の化導に知らないうちに助けられて、親密な「さとり」を現す。（中略）この仏の化導のおよぶ限りの草木も土地も、ともに大いなる光明を放って、深遠な教えを説くことは限りがない。草木や垣根、壁は生きとし生けるもののために教えを宣揚し、生きとし生けるものはまた、草木や垣根、壁のために教えを説く。（中略）これによって、わずかに一人の行うたった一時の坐禅であっても、さまざまな存在と通じ合い、もろもろの時と円満に通じ合うがゆえに、無限の真理世界の中で、過去、現在、未来を通じて永遠の仏の行いをなすのである。自分の他のすべてもみな一体になって、同じく修行し、同じく悟るのである。）

ここで道元は、自らの「修行」とともに拓かれる世界のありようを述べている。そこでは、自己はあらゆるものと交流し合い、すべてのものが自受用三昧《じじゅようざんまい》に住して仏そのものとして現れる。一人の坐禅は、生きとし生けるもののすべて、さらには、通常は心をもたないとされる草木や牆壁・瓦礫にまでおよぶ。坐禅とは、自己が本来ある世界を自覚し取り戻す行いである。世俗のさまざまな意味連関に巻き込まれた自己をそこから切り離し、あらゆるものが互いにはたらき合い結びつき合った「縁起‐無自性‐空」の深層次元を現していくことである。そこで、自己は実体化されたものではなく、自他一如が成立する。そのとき、自己が身を置くのは、究極的には自己が悟ることと他を悟らせることとが同時に成り立つような「甚妙不可思議」かつ「大光明をはなち、深妙法をとくこと、きはまるときなし」と形容される真理世界である。そのような真理世界を実現し、他者とともに「共同成仏」することが修行者の理想とされる。

それに対して、前述のように盤珪は、俗人に対しては自らの説法を聞いて、「不生の仏心」に目覚め、生まれついたままの善心を発揮して、日常的な人間関係の中で自らの役割を果たすことを説き、彼らに対しては、坐禅をし、開悟成道して成仏することを基本的には説かなかった。盤珪は、手元に置いた少数の弟子たちに対しては、何カ月も僧堂に籠もらせて厳しい坐禅修行を課し、仏法を担い、俗人の信者を化導する者となること、つまり「成仏」の実現を求めたが、俗人の信者はあくまで、化導の対象であるにすぎず、彼らは日常的世界にとどまるべき者として位置づけられたのである。（出家した弟子たちが坐禅修行によって実現する「成仏」と、説法を聴聞して「不生の仏心」でいることによって成就する「活仏」との違いについて、盤珪は明確には説明しないが、両者は別物である。）

道元にとって俗弟子は、諸般の事情で現在は世俗にとどまってはいるものの、最終的には出家し、仏道修行の道に入ることが望ましい者として理解されていた。*『正法眼蔵』の冒頭という重要な位置にある「現成公案《げんじょうこうあん》」巻が「鎮西《ちんぜい》の俗弟子楊光秀《ようこうしょう》」に書き与えられたという奥書をもつことからもうかがえるように、道元は出家した弟子に期待するのと同様の期待を、俗人にもかけていたのである。これは、盤珪が俗弟子を出家した弟子と明確に分け、俗弟子には、説法等によって目覚めた「不生の仏心」をもって世俗世界の秩序に則って家業に励みつつ、それぞれの役割を果たしながら生きることを勧めたこととは対照的である。道元は、俗人にも世俗を捨てることが当為であると説き、つまりたとえそれが不可能であろうと、世俗は基本的には捨てられるべきものであると説き、盤珪は、俗人にはあくまでも世俗の中で生きることを求めたと言えよう。

＊　ただし、道元の俗人に対する態度は、前期（京都深草で俗人に対しても布教を行っていた時期）と後期（越前永平寺で出家した弟子のみを教導していた時期）では違うと言われており、後期は特に出家主義になったとされるが、これは、現実的な指導の対象を俗人まで含めるか、出家者に絞るかの違いであって、在家

は出家すべきだがいまだそれを実行できない者という位置づけそのものに変化はない。

道元と盤珪とを手がかりとして、「修行」と「修養」を対比的に検討することを通じて、中世仏教と近世仏教との特徴を検討した。ただし、ここで明らかにした「修行」と「修養」という二類型は、あくまでも最も純粋化されたかたちにおける二類型であり、現実には「修行」と「修養」との関係は、より複雑で錯綜したものになっている。

一例をあげると、本章では、「修養」とは講話の聴聞や読書などがその手段となると述べた。たしかに明治四十年以降の修養書ブームにみられるように、「修養」が身体修行とは別の次元で成り立つものであるということも言えるのであるが、しかし修養書ブームと並んで、静坐法、呼吸法などの身体技法をともなった「修養」（身体性をともなうという意味では、「修行」的という捉え方もできる）も、明治四十年代以降、盛んになるのである。[*1]この淵源は、たとえば江戸時代の禅僧であり、臨済宗中興の祖とされる白隠慧《はくいんえ》鶴《かく》（一六八五―一七六八年）にまで遡ることができよう。白隠は自らの身心の病を内観の法や軟酥《なんそ》の法[*2]によって克服し、これらを身心の「修養」のために広く勧めた。

しかし、白隠においても。明治四十年代以降に盛んになる身体的修養法においても、これらの身体的修練は、基本的には手段であるにとどまった。目的は、身心の健康、長生、意欲の増大、道徳性の進化、世俗社会における自己実現であり、それらを獲得するために「修養」があったと言うことができる。それに対して、「修行」の方は、道元の「修証一等」という言葉に明らかにみてとれるように、「修行」それ自体が目的であり、「修行」と「さとり」は一体であるとされる。ここが、「修養」と「修行」との大きな分岐点であるとも言えよう。「修養」が、すでに確立した価値観なり秩序なりに適合する人間像を前提とした上で、それへと自らを従わせていく営為であるとするならば、「修行」は、それ自身が目的であることを通じて、すでに確立している価値観や秩序そのものを根底的に問い直す試みであるとも言えよう。

＊1　「修養」という言葉が注目を集めたのと同時期、「精神療法」が民間において大流行した。たとえば、岡田虎二郎の岡田式静坐法、藤田霊斎の藤田式息心調和法、二木謙三の二木式腹式呼吸法などでは、仏教の坐禅にも一面通じるような精神統一や腹式呼吸法が説かれた。これらは、単なる治病法・健康法であるにとどまらず、心身一元論に基づく「精神修養法」としても受容された。これらについて詳細は、吉永進一編『日本人の身・心・霊――近代民間精神療法叢書』（第一期全八巻、クレス出版、二〇〇四年）、および同（第二期全七巻、二〇〇四年）を参照されたい。

＊2　内観の法とは、京都白川の白幽真人《はくゆうしんにん》より授けられたとされるもので、静かに横たわり、身の元気を臍輪、丹田等に集め、気力を充実させ、腹式呼吸を行う養生法である。軟酥の法とはクリーム状の仙薬が頭上から足の裏まで溶けて流れ、体に暖かく滲みわたるのを思い描く、一種のイメージ療法であり、白隠自身が自らの禅病をこれらの身体技法によって克服し、健康を得たという。白隠は、この経験を『夜船閑話《やせんかんな》』に書き著し、これらの方法を広く一般に勧めた。

終章　共生の根拠

——仏教・儒教・神道——

1　共生と近代

アリストテレスのよく知られた人間の定義、「ポリス的動物」[*1]――ポリスという共同体においてはじめて人間は人間らしく善く生きられる――に端的に示されているように、およそ人間にとって、共同的な生を営むこと、すなわち「共生」は基本的な事柄であると考えられる。（なお、行論の必要上、「共生」に対して、私なりに暫定的に簡単な定義を与えておくと、[*2]「共同体における多様な構成員による相互作用を通じて、共同体と諸構成員とが、また諸構成員同士が相互的に形成し合いつつ、それぞれのアイデンティティが保持されていくこと」となる。）それゆえ、どの時代においても共生のかたちが模索されてきたと言うことができようが、特に近代以降、「共生」には困難がつきまとうようになる。というのは、近代精神が第一義的に求めるのは、まず自我の確立だからである。

＊1　アリストテレスは、「ポリス的動物」に加えて「ロゴス的動物」という定義も行っている。古代ギリシャにおいて「ロゴス」とは、言語および理性を意味する。これら二つの定義が意味するのは、理性に依拠した言語によるコミュニケーションに基づいて、人間の社会関係が構成されているということである。

＊2　「共生」という言葉は、元来は生物学の symbiosis の訳語であり、異なった種の生物が相互的に密接に結びつき合いながら、ともに場を同じくしつつ生活している共存状態を指す（生物学の用語としては、片

方の生物のみが利益を得る片利共生と、双方が利益を得る相利共生がある）。このような生物学的な用法に加えて、近年は、社会における多様な人間同士の共同的なあり方を説明する言葉（特に異文化共生など）、さらには地球生態系における環境と人間との調和的関係を示す言葉としても用いられるようになっている。なお、日本に「共生」という言葉が普及するようになった端緒は、仏教の縁起説に基づく他者奉仕の実践である共生《ともいき》運動を行った「共生会」（一九二二年創立）の会祖、椎尾《しいお》弁匡《べんきょう》に求められるとされている。

近代精神は、デカルトのコギト（cogito, 我思う）に明らかなように、唯一確実な出発点として「認識する我」を立て、その「我」が世界の中心に立つことを求める。いわゆる近代的自我である。この近代的自我は、その内部に根拠としての普遍的理性をもち、それに基づいて世界を認識し、世界にはたらきかける。ポストモダンが言われて久しく、また文化人類学による西洋近代において自明視された理性の普遍性への懐疑や、フランクフルト学派による啓蒙的理性・道具的理性への批判がもはや人文学分野における基本的前提となっている昨今ではあるが、現代社会の人間像の典型は、デカルトに端を発する近代的自我に今なお基づいていると言えよう。たとえ、晩期資本主義社会の現実において、理性に基づいて自律する個という近代的自我の理念は空洞化し、分断された取り替え可能な抽象的アトムとしての個に置き換わってしまっているとはいえ、自己完結的な個としての人間存在という見方は、たとえば「自己責任論」などというかたちで、今なお社会において広く流通し説得力をもつ言説となっているのである。

さて、この近代的自我とは、極言すれば、世界や対象から、またそれらから成り立つ複雑にからまり合う多様な関係から、自らをいったん切り離し、そのことによって世界や対象を計量可能なものとして操作し、自らのコントロール下に置くものである。もちろん、そのような一人立つ人間同士の間にも何らかの関係は成り立つのではあるが、その場合の関係は、端的に言うならば、互いを操作対象とし、相互の利益を図るものであると言えよう。もちろん、相互の利益をはかることそれ自体がただちに問題であると言えないのは当然ではあるが、しかしこのような発想方法は問題を孕む危険性がある。つまり、自分に対して当面の顕著な反対給付を期待できない相手に対する関係が忌避されることになるのである。すべてを数量化し、操作可能なものとする理性は、自己利益の最大化の観点から、そのような相手を排除してしまう。しかし、前述のように、「共生」とは、そもそも多様な者たちの相互作用を通じての自己保持であるとするならば、反対給付を期待できない者（たとえば、社会的弱者など）が排除されるような関係を、とても「共生」と呼ぶことはできないだろう。

このように孤立的な自我から出発する近代的人間観の問題性、特に他者や世界を操作対象とみなすがゆえに、真の意味で他者との関係を結べず、したがって「共生」もなし得ないという問題性は、たとえば日本近代の代表的哲学者・倫理学者である和辻哲郎が重ねて指摘するところである。和辻は、人間を間柄的存在として捉えており、その意味で、「共に生きる」人間観を基盤として、個的・内面的な道徳意識から出発する西洋近代の倫理学を相対化する、新たな倫理学体系を築いたのである。和辻の「間柄の倫理学」それ自身は、日本独自のものではなく、普遍的な倫理に根差すものとして構想されてはいるが、和辻はその具体例を日本の伝統思想の中に見出している。*

本章では、仏教、儒教、神道など、日本の文化・思想の形成に大きな役割を果たし、かつ現代日本においても今なお見過ごし得ない影響力をもつ代表的な伝統思想を取り上げ、それらの中で、「共生」を可能にせしめる基盤がどのようなものとして捉えられているのかを検討する。そして、これを通じて、昨今、喫緊の問題となっている「共生」について考える手がかりを得たい。

＊　ただし、普遍的な倫理についての学として構想された和辻の「間柄の倫理学」の日本における展開を探求した『日本倫理思想史』が、『尊王思想とその伝統』を基盤として構想されたことからもみてとれるように、「間柄の倫理学」は、最終的には天皇に対する無私の献身へと収斂するものでもあった。もちろん、和辻自身は、偏狭でファナティックな国粋主義に対しては終始一貫して異を唱えていたし、個の自己実現と国権の伸長とを安易に重ね合わせるような国民道徳論に対しても批判的姿勢を取っていたのではあるが、しかし「間柄」という「倫理」を支える「空の弁証法」の運動性が、スタティックな「絶対空」「神聖無」へと読み換えられ、さらに、その「絶対空」「神聖無」への「通路」は、天皇が独占するとされる。なぜ、「通路」が天皇のみに限定されるのかという問いは、和辻倫理学の問題として残らざるを得ないであろう。

本章の問題意識はまさに、この点にある。つまり、孤立した意識としての近代的自我を前提とするのではない倫理学を構想しつつ、しかもそれが「尊王思想」にのみ収斂しない可能性を（もし、「通路」という表現を用いるのであれば、天皇が一つの有力な「通路」であることを排除はしないが、さらに複数の通路がそこに見出される可能性を）、日本の伝統思想そのものに探ろうとするのである。

結論を先取りするならば、本来が外来思想である仏教や儒教は、「王権」を相対化する「外」の視点を潜在的には確保していたと言えるし、神道にしても本来、神祀りは村落共同体において自足的に営まれるものであって、天皇を頂点とする祭祀体系へと組み込まれることは、村落共同体の側からみれば、本来は、必然ではないと言える。つまり、空の弁証法自体は常に新たな「通路」を要請するものであるし、その意味で「通路」は独占され得ないのである。

2　仏教――道元の「四摂法」観

まず、日本の仏教思想における「共生」について、日本思想史上において最高の思想家とも言われる道元の主張を通じて考えてみたい。道元は、六十巻本『正法眼蔵』第二十八の「菩提薩埵《ぼだいさった》四摂法《ししょうぼう》」巻の中で、四摂法について述べている。四摂法とは、菩薩（菩提薩埵）が衆生を教え導くための四つの方法であり*、特に大乗仏教においては、修行者の行動様式、行為規範として重んじられたものである。具体的には、衆生に対して施しをなす「布施《ふせ》」、親愛に満ちた言葉をかける「愛語《あいご》」、さまざまな行為を通じて利益を与える「利行《りぎょう》」、分け隔てなく活動をともにする「同事《どうじ》」からなる。

＊　道元は、『正法眼蔵』「発菩提心」巻において、菩薩について「自未得度、先度他」（自ら未だ得度せざるに、まず他を度す）（道元全集上巻、六五〇―六五一頁）、つまり、自分が「さとり」を開く前に、まず他者を「さとり」へと赴かせる存在であると説明している。大乗仏教の修行者である菩薩は、小乗の徒が自己の「さ

とり」をめざす「自利」のみに専念するのとは対照的に、自己が「さとり」を開くのみならず、他者を「さとり」へと導く「自利利他」をめざすとされた。「菩提薩埵四摂法」としてあげられる四項目（布施・愛語・利行・同事）はみな、利他行である。

さて、道元は、「菩提薩埵四摂法」巻において、これら四つについて一つ一つを取り上げて説明を行っている。たとえば、「愛語」について道元は、「衆生をみるにまづ慈愛の心をおこし、顧愛の言語をほどこすなり」＊（道元全集上巻、七六六頁）と言い、また、「徳あるはほむべし、徳なきはあはれむべし」（同）と言って、「慈愛の心」によって衆生のそれぞれに心を配り、親愛の言葉をかけるべきことを述べる。また、「同事」に関しては、まず「同事をしるとき、自他一如なり」（道元全集上巻、七六七頁）とした上で、「ただまさに、やはらかなる容顔をもて一切にむかふべし」（道元全集上巻、七六八頁）と述べる。「同事」とは「自他一如」であり、それを踏まえて他者に柔和な温顔で接せよと言っているのである。

＊なお、この「菩提薩埵四摂法」巻は、道元が従来の草稿を取捨し、書き改めて編纂したとされる七十五巻本『正法眼蔵』、その後さらに書き足した十二巻本には含まれておらず、永平五世の義雲のころに編集されたと言われる六十巻本にはじめて第二十八として収められたものである。奥書には、「仁治癸卯端午日記録　入宋伝法沙門道元記」とあり、寛元元年（一二四三年、仁治四年二月二十六日に改元）の五月五日に記されたことがわかっている。示衆《じしゅう》の場所については明記されておらず、そもそも示衆されたものかどうかも不明である。（なお、この寛元元年は道元にとって大きな転換となった年であり、七月十六日に京都深

草の根拠地であった興聖寺を離れ、越前に下向している。）内容的には七十五巻本の特徴をなす逆説的な表現や、真理の世界への哲学的参究は前面には出ておらず、平易に仏教者の当為を語ったものとなっている。

「菩提薩埵四摂法」巻に関する研究としては、下室覚道「道元禅師の布施観――『正法眼蔵』「四摂法」の布施について」（『駒澤短期大学仏教論集』九、二〇〇三年）、同「四摂法について――その説示対象と道元禅師の意図」（『宗学研究』四五、二〇〇三年）、新保哲「道元の菩薩道と福祉の精神」（『文化女子大学紀要人文・社会科学研究』一三、二〇〇五年）、富山はつ江「道元における菩提薩埵四摂法」前・後（『日本女子大学紀要文学部』二四、二五、一九七四、七五年）を参考にした。

たしかに、言葉や態度において他者に同情し配慮することは、他者との関係を円滑にするために、世俗的なレヴェルにおいても推奨されることではある。しかし、ここではそれらが、「自他一如」に基づいて行われるべきものとされている点で、世俗のそれとは異なっている。次に、この「自他一如」の内実をさらに検討してみよう。「自他一如」を担う「自」と「他」については、道元の次のような説明がまず注目される。

他をして自に同ぜしめてのちに、自をして他に同ぜしむる道理あるべし。自他はときにしたがうて無窮なり。（道元全集上巻、七六七頁）

（他者を自己に一体化させて、その後に自己を他者に一体化させるという道理があるのだ。このような活動の中にある自己も他者も、その時々において、無限の真理を担い、実現していく。

その意味において自己も他者も無限なのである。）

愚人おもはくは、利他をさきとせば、自《みずから》が利、はぶかれぬべしと。しかにはあらざるなり。利行は一法なり、あまねく自他を利するなり。（中略）しかあれば、怨親《おんしん》ひとしく利すべし、自他おなじく利するなり。もしこのこころをうれば、草木風水にも利行のおのれづから不退不転なる道理、まさに利行せらるるなり。

（道元全集上巻、七六六頁）

（仏道に疎い愚かな者は「他者の利益《りやく》を優先させるならば、自己の利益は除かれてしまうだろう」と考える。しかし、そうではない。「利行」〔誰かのためになる行為〕というのは、自己や他者という分節のない一体性の基盤においてなされるものであって、だからこそ、もし「利行」が正当に行われるならば、自も他も利益を得るのである。（中略）そうであるから、恨みのある相手に対しても、親しい相手に対しても平等に利すべきである。そうすれば、自己も他者をも同じく利することになるのである。もし、この「利行」の心が真に得られたならば、草木や風水までもが、おのずからに「利行」を行い、その「利行」が退転せずに継続するという道理が成就する。〔まさに、「利行」というものが自分自身で行うものでありつつも、世界の方から「利行」がなされるのであり、その意味で、〕自分自身は「利行」せしめられるということになるのだ。）

最初の一文において道元は、他者を自己へと一体化させ、さらに自己を他者に一体化させると述べている。[*1] これは、自己と他者とが個々別々のものではなく、一体のものであり、相互相依的にはたらき合いつつ、互いを成立させ合っていることを表現しているものである。このような相互的なはたらき合いが、「利行」の基盤としてまず想定されているのである。

そして、さらに注目されるのは、ここでは自から他へ、そして他から自へという双方向的な作用が強調されていることである。[*2] つまり、自他がスタティックに冥合《みょうごう》しているのではなく、自己が（修行を通じて）他者へ、ひいては世界へと自らを開き続けることによって、世界が自己に対して真なるものとして立ち現れてくるという動的な構造が主張されている。そして、「自他はときにしたがうて無窮なり」と、時間性を導入しつつ無限性へと展開される。これは、自己が修行を通じて固定的な自我への執着を乗り越え、他者へ、そして世界へと開かれる営為を、その時々においてなし続けていくならば、その時々が「永遠」（先取りしていえば、「自他一如」なる無分節の全体としての「無始無終」）を宿すものとして顕現され続けるということを意味する。

このことを踏まえるならば、二つ目の文章の冒頭で批判される「愚人」とは、「自他一如」を理解し得ないがゆえに、自己と他者とを対立させ、利他を行うことは自己の利益を損なうことであるという誤解に陥ってしまっている愚者ということになる。しかし、「自他一如」の立場からするならば、自他は本来は密接に結びつき合い、はたらき合っているがゆえに、利他は自利に他ならないのである。ここで重要なのは、「草木風水にも利行のおのれづから不退不転なる道理、まさに利行せらるるなり」という文章である。道元はここで、「草木風水」という、心をもたない無情においても、おのずから自利利他の行が保持（不退転）されると言う。道元が、釈迦が菩提樹の下で悟ったときに全大地がともに悟ったと述べたように、一人の「さとり」は全世界へと波及し、一人が修行するときに全世界がともに修行するのである。[*3]「まさに利行せらるるなり」と受動態によって語られるのは、「草木風水」のなす「利行」が、修行者のそれと連動しているからなのであり、さらにいえば、「草木風水」をはじめ全世界の全存在がなし、また修行者がなす「利行」とは、すべてのものが相互相依的にはたらき合う根源的次元から「なさしめられる」という意味において、「おのれづから」という副詞と、「利行せらるる」と受動態で語られるべきものであるのだ。

＊1　引用した文章においては、「他者を自己に一体化させ、その後で、自己を他者に一体化させる」と前後を示して語られている。本来的には、自己と他者とは一体のものであるのだから、「他者を自己に一体化させる」ことからはじめることも、「自己を他者に一体化させる」ことからはじめることも理論的には可能ではあるが、ここであえて「他者を自己に一体化させる」ことからはじめているのは、禅のめざすところである己事究明《こじきゅうめい》を、まず自己に焦点を当てて語り出すということとも考えられる（「一顆明珠《いっかのみょうじゅ》」巻でも「逐物《ちくもつ》為己《いこ》、逐己《ちくこ》為物《いもつ》」（道元全集上巻、六〇頁）と同じ順序で語っている）。さらに、ここでは、この箇所の直後に「明主は人を厭はず、故に能くその衆を成す」という管子《かんし》の言葉が引き合いに出されていることが影響しているとも考えられる。その箇所で、道元は、「同事」の例として、帝王が人を厭わないから人が集まってきて国が成り立つとしている。つまり、自己を帝王になぞらえて、帝王が他者である民と一体化しようとするから、それに応えて民も帝王を慕い集まってくるという例を先取りして、「他者を自己に一体化させる」ことからはじめているものと思われる。

＊2　このような双方向的運動性の強調としては、たとえば、「一顆明珠」巻に「尽十方といふは、逐物為己、逐己為物の未休なり。（中略）逐己為物のゆえに、未休なる尽十方なり。機先の道理なるゆえに、機要の管

得にあまれることあり」(道元全集上巻、六〇頁)という言葉が注目される。これは、「尽十方界」、すなわち全世界は、「逐物為己、逐己為物」(物を追って己となし、己を追って物となす)という、自己から物へのはたらきかけ、物から自己へのはたらきかけによって成立せしめられているということを意味する。ここで言われる「逐物為己」とは、自己が修行において他(他者、他物など自己とは異なるもの)へと超出していき、それによって世界全体を自己の世界とすることである(たとえば、「有時」巻で「自己の時なる道理」として、「われを排(配)列してわれこれをみるなり」(道元全集上巻、一九〇頁)と言われていることも、この「逐物為己」と同様の事態である)。

それに対して、「逐己為物」の方は、自己が自己超出によって限りなく無化されていき、自己が世界そのものとなるということを意味している(たとえば、「現成公案」巻の「自己をわするるといふは、万法に証せらるるなり」(道元全集上巻、七頁)という一節は、このことを表現している)。

そして、「逐物為己」、すなわち、全世界が自己になるということも、「逐己為物」、すなわち自己が全世界となるということも、実は同じ基盤に根差している。それは、自他が相互相依的にはたらき合いつつ互いに互いを形成し、世界を形成する「場」である。その「場」は、自他というような分節が成立する以前(この以前は、直線的時間軸を想定した上での以前ではなくて、論理的な前提を示唆する以前である)の自他未分を意味している。この場自身の自己限定として、「今、ここ」に存在する自己はある。「逐物為己」「逐己為物」の過程を反復しつつ、そのような「場」を自己の根底にみてとり、その自覚を深化させることこそが、道元にとっての修行であったのだ。

本注の冒頭に掲げた「一顆明珠」巻の「機先の道理なるゆえに、機要の管得にあまれることあり」の「機先の道理」とは、まさにこの自他未分の根源的「場」のことを意味している。「機」は、一般的には「はたらき」または「修行者の能力」「修行者そのもの」を意味する。ここでは、「機」は「はたらき」を担うものとしての分節された自他であり、「機先」とは、分節以前を意味する。「機先の道理」に本来依拠しているからこそ、つまり自己も他もすべての個物が自他未分の基盤に依拠しているからこそ、まさにその「機」が抑制できないぐらい（「管得にあまれる」）、それぞれに活発に現成《げんじょう》する（真なる存在として成就する）と道元は言っているのである。

＊3 『正法眼蔵』「発無上心」巻で道元は、「明星出現の時、我と大地《だいち》有情《うじょう》と同時に成道《じょうどう》す」という言葉に基づき、世界と自己とが同時に発心し、修行し、悟ると主張している（道元全集上巻、五二八—五二九頁）。なお、この言葉の出典に関しては、石島尚雄「「大地有情同時成道」に関する一考察——特に道元門下の立場をめぐって」（『印度學佛教學研究』第四四巻第一号、一九九五年）を参照されたい。

さて、「利行」と並んで四摂法の一つであり、六波羅蜜《ろくはらみつ》の第一でもある「布施」に関して、道元は次のように述べている。

その布施といふは、不貪《ふとん》なり。不貪といふは、むさぼらざるなり。（中略）たとへば、すつるたからをしらぬ人にほどこさんがごとし。遠山《えんざん》の華を如来に供《く》じ、前生《ぜんしょう》のたからを衆生にほどこさん、法におきても物におきても、面面に布施に相応する功徳を本具《ほんぐ》せり。我物《がもつ》にあらざれども、布施をさへざる道理あり。そのもののかろきをきらはず、その功の実なるべきなり。道を道にまかするとき、得道《とくどう》す。得道のときは、道かならず道にまかせられゆくなり。財のたからにまかせらるるとき、財かならず布施となるなり。自を自にほどこし、他を他にほどこすなり。この布施の因縁力《いんねんりき》、とほく天上・人間までも通じ、証果の賢聖《けんじょう》までも通ずるなり。*そのゆゑは、布施の能受《のうじゅ》となりて、すでに縁をむすぶがゆゑに。

（道元全集上巻、七六四頁）

（〔四摂法の中の〕布施というのは、「不貪」である。「不貪」とはむさぼらないということである。（中略）たとえていえば、捨てる宝を知らない人に施すようなものである。遠くに見える山に咲いている花を如来に供え、前世でもっていた宝を衆生に施すようなものであって、仏法の教えを施す場合も、物品を施す場合も、〔布施をする人は〕それぞれに、布施に相応する功徳を、本来、具足しているのである。〔施す当のものは、〕自己が所有しているものというわけではないけれども、布施をする障害にはならないという道理があるのだ。〔施す〕当のものが、値打ちが軽いのを分け隔てして嫌うことはない。〔どのようなものであれ、〕布施をするその功徳は真実のものだからだ。〔我見を差し挟まずに〕道を道のままに任せるときに、道を得る〔「さとり」を開く〕ということがある。道を得るときは、かならず道は道そのままに任されていくのである。〔同様に〕財宝が財宝に任せられるときには、財宝は必ず布施となるのだ。そのとき、自己を自己に施し、他も他に施されるのである〔真実の布施が行われるとき、布施を行う者も、布施を受ける者も、両者ともに本来あるべきもの、すなわち自他一如を担うべき者となるのである〕。この布施を成り立たせる力（因縁力）は、遠く天上界にも、人間界にも行き渡り、その力がはたらいた結果である「さとり」（証果）は、三賢十聖（＝十聖三賢）位の者たちにまで行き渡っているのである。なぜかと言うと、全世界が、布施を授けるものと受けるものとして、すでに相互相依的に関係し合いはたらき合っているからなのだ。）

＊「賢聖」とは、菩薩（大乗仏教における修行者）が発心してから最後に成仏する過程を段階的に表した、十信、十住、十行、十廻向、十地、等覚、妙覚（成仏）からなる、菩薩の五十二位のうちの所定の段階を指す。「賢」は三賢とも言われ、十住、十行、十回向の凡夫位を指す。「聖」は、十聖とも言われ、初地から十地の断惑証理を成就した見道位以上を指す。それぞれに修行の進んだ状態ではあるが、道元の『正法眼蔵』における諸用例を確認してみると、「〔仏性と成仏とが同参する道理については〕十聖三賢のあきらむるところにあらず」（道元全集上巻、二〇頁）というように、ほとんどが諸仏（道元においては修証一等の修行者でもある）などにはおよびもつかない劣った者という意味で使われている。しかし、ごくわずかではあるが、たとえば「光明」巻の「たとひ十聖三賢なりとも、文公と同口の長舌を保任せんとき、発心なり、修証なり」（道元全集上巻、一一八頁）のように、肯定的な文脈で用いられることもある（ここでは仏道について真正の見解を皇帝に上申した文公と同様に振る舞えるならば、十聖三賢であろうとも発心し、修行し、開悟成道できると言われている）。

この「菩提薩埵四摂法」巻では、「光明」巻と同様に肯定的文脈で「十聖三賢」を用い、一人の行う布施が真なるものであるのならば、十聖三賢のような劣った修行者をも含めてすべての存在を悟らせることもできると言われている。なぜならば、真なる布施が行われるとは、あらゆるものがあらゆるものと結びつき合い、はたらき合う、本来的な自他未分の次元が顕現されるということであり、十聖三賢をはじめ、世界のあらゆるものがこの本来的世界に連なるという意味で「証果」を得るからなのである。

ここで道元は、布施について、「すつるたからをしらぬ人にほどこさんがごとし」としている。俗世の人間が他者に何かを施す際には、自分が所有している何かを他者に与え、そのことによって他者はその何かを新たに所有すると考える。つまり、所有をめぐる自他対立図式を前提としていると言えよう。しかし、「すつるたから」「遠山の華」「前生のたから」という言葉が示すように、道元は、「布施」とは自己から遠く離れており、そもそも自己のものではないものが、誰かのところに「捨てられる」にすぎないと言う。ここで言う「捨てる」とは、要らなくなったものの所有権を放棄するということではなくて、そもそも自分が所有しておらず、執着もしていないものを他者に施すということであろう。あえて「捨てる」という言葉が使われているのは、それが所有にはかかわらないという点においては、捨てることと同様だという含意である。前述のように、元来、「自他一如」であれば、自他の区別も所有という観念もなく、「布施」と言っても己の所有物を与えたり与えられたりということではないのである。

それでは、「自分のものではないもの」を「捨てる」こととしての「布施」を成り立たせているのは、一体どのような世界把握なのだろうか。結論を先取りして言うならば、道元にとっては、世界全体は「自他一如」なるものとして緊密に結びつき合い、はたらき合っており、その世界に参与することが道元にとっての修行であり、さらに自己が参与することによって世界全体も自己とともに修行し、悟ると捉えられていた。その場合、「布施」とは、全存在が修行し、悟ることが可能となるように、教え（法）や修行に必要なものを、それぞれに配置することである。全世界の全時空における諸事物が自己とともに修行できるように、必要なものを必要なところに行き渡らせることこそが、道元にとっての「布施」なのである。

　このことをもっともよく示しているのが、「財のたからにまかせらるるとき、財かならず布施となるなり」という一文である。仏道において得道（開悟）することが、自己の意図的な行為ではなくて、「仏のかたよりおこなはれ」（道元全集上巻、七七九頁）るものであるように、「布施」もまた自己が自分の所有物を好きなように処分するのではなく、世界全体が修行し悟ることが成就するための望ましい配置をめざして、「法」や「物」が「おのれづから」落ち着いていくようにせしめること、どこかに滞らせないことである。真の意味での主体性とは、自己の所有物を好きなように処分することにおいて認められるのではなく、全世界の諸事物とともに全世界を真なる世界へと方向づけようとする意志において確保される、と道元は考えているのである。

　次の「自を自にほどこし、他を他にほどこすなり」とは、全時空において「自他一如」であるから、自が他に施すことは、自が自（＝他）に施し、他（＝自）が他に施すことに他ならないということを意味している。つまり、「自他一如」に依拠するならば、他に施すとは自に施すことでもあるのだ。

　そして、注目されるのが、最後の一節、「この布施の因縁力、とほく天上・人間までも通じ、証果の賢聖までも通ずるなり。そのゆゑは、布施の能受となりて、すでに縁をむすぶがゆゑに」である。布施は一般に、それが善因となって善き功徳を生むとされ[*1]、ここで言われる「布施の因縁力」も、ひとまずは、そのような善き果報を引く力と捉えることができよう。そして、そのような力は、はるかに天上世界、人間世界に広くおよび、善き果報の発動した結果としての開悟成道は、三賢十聖という劣った仏教者にまでおよぶとされる。なぜ、このようなことが起こるのかということの根拠として道元は、「布施の能受となりて、すでに縁をむすぶ」と述べている。つまり、布施という事態が成立するときには、布施の「能」と「受」、すなわち布施を行う側と、布施を受ける側とが同時に成立するのであるが[*2]、それらが成立するに先立って、「すでに縁をむすぶ」と言われていることが重要である。「すでに」とは『正法眼蔵』においては、時間的前後関係を示す言葉ではなく、本来性としてというニュアンスで用いられる言葉である。[*3]布施という行為が成立させる二項は、すでに本来的に一つのものとして結びつき合っていたと道元は主張するのである。

＊1　道元自身も、布施が、功徳を生むという考え方に則って、引用した文章のすぐ後で、「一句一偈の法をも布施すべし、此生他生の善種となる。一銭一草の財をも布施すべし、此世他世の善根をきざす」と述べている。

＊2　「布施の能受」であるが、この「能受」という言葉は、他の用例としては、同じ「菩提薩埵四摂法」巻に、「愛育大王の半菴羅果、よく数百の僧衆に供養せし、広大の供養なりと証明する道理、よくよく能受の人も学すべし。身力《しんりき》をはげますのみにあらず。便宜をすごさざるべし」（道元全集上巻、七六五頁）とあるだけである。まず、こちらの用例から検討してみる。これは、『雑阿含』二五所収の『阿育王施半阿摩勒果因果経』（大正二、一八〇a—一八二a）に記載されている、晩年、寺に自由に布施をすることを制限されたアショーカ王がその臨終にあたって、最後に残されたマンゴーの半分の実を寺に寄付し、寺側は感謝して数百人の僧の食事にその果実を分け入れたという故事にちなんだものである。これは、ほんのわずかな布施であろうと、その布施は広く仏法に対して行われたものであり、その意味で世界全体に広がり得る広大なものであるということを意味する。そして、このような道理を「能受の人」も理解し、ただ単にむやみに布施

を実践する（身力をはげます）だけではなくて、その時宜を弁えよと言っているのである。「能受」の「能」とは一般に「能所」の「能」であり、能動を意味する。文字通りには、「能」は「受」を修飾し、「能受」は受ける主体ということで受け手を意味するが、その直後に続く文章との関連でいえば布施にあたっては相手の都合に配慮せよと言っているのであるから、布施を授ける側を指していると考えられる。となると「能」は、その一字で「能動」、すなわち布施を行う主体を意味することになる。「受」は布施を受ける側となり、「能受」で布施の授け手と受け手とを指すと理解できよう。

＊3『正法眼蔵』中、このような用例は多くみられるが、その代表的な例を挙げると「仏性」巻の、「時節若至《にゃくし》といふは、すでに時節いたれり、なにの疑著《ぎちゃ》すべきところかあらんとなり」（道元全集上巻、一七頁）である。ここで「時節若至」は出典の文脈においてはそもそも、「仏性が現前する時節がもし至れば」ということを意味していたが、道元はそれを読み換えて、修行していけば、時間軸の先にある未来に仏性が現前するということではなくして、すでに本来性として仏性が現前しており、それを自覚することが仏道における「さとり」であり、仏性現前ということなのだと説明している。この問題について詳細は、拙著『正法眼蔵入門』（角川ソフィア文庫、二〇一四年）の補論「道元の仏性思想」「四　仏性と時間」を参照されたい。

前掲の引用文の中で、「法におきても物におきても、面面に布施に相応する功徳を本具せり」と説明されているのも同様の事態である。「法」（教え）や「物」を施すにあたって、その布施はそれに相応した功徳を生み、そしてその功徳は、「本具」すなわち本来的に具わっていたものだ、と道元は言う。

つまり、布施によって面々に発生する功徳（善きものを実現する力）は、布施という行為によって顕現されたものであるが、それは「すでに」「本具」として具わっていたのである。ここには、「本来あるところのものに成る」という、道元の「修証一等《しゅしょういっとう》」の動的構造がみてとれる*。つまり、二項の間に「布施」という事態が成り立つその基盤として、すでにあらゆるものがはたらき合い、結びつき合う深層――それはすでに述べたように、あらゆるものが修行しつつ「さとり」を成就している真なる次元であり、また仏教がめざす「空」の次元でもある、と道元は捉えている――が想定されている。そして、それを基盤として本来あるべきものをあるべきように実現し、あらゆるものに所を得させることこそが、道元において「布施」として理解される行為であったのだ。

右に述べてきたことを、本章のテーマである「共生」に焦点を当ててまとめておくと以下のようになろう。「菩提薩埵四摂法」巻において道元は、他者に施しをなすことや、温かな言葉をかけ、柔和な態度で接すべきことを主張している。これは世俗における「共生」の作法と合致するが、世俗におけるそれが、自他を二元的に分立させた上でのものであるのに対して、道元の主張するそれは、深層における自他不二の次元を基盤にしている。そして、「共生」の担い手の主体性は、この次元へと限りなく自己超出し、ありとあらゆるものとともに修証一等をなし続けることによって確保される。「布施」も「愛語」も「利行」も「同事」も、つまり「共生」のためのすべての行為は、この次元を踏まえ、かつそれを成就するために行われるべきなのである。

＊　この構造については、『正法眼蔵』全体の序論とも言うべき「弁道話」の冒頭において、「この法は、人人の分上にゆたかにそなはれりといへども、いまだ修せざるにはあらはれず、証せざるにはうることなし」と言われている。なお、この問題について詳細は拙著『道元の思想——大乗仏教の真髄を読み解く』（NHK出版、二〇一一年）六二—六四頁を参照されたい。

3　儒教——伊藤仁斎の人倫日常の学

次に、日本儒教を代表する思想家の一人であり、朱子学を批判して日本独自の儒教である古学（古義学）を築いた伊藤仁斎（一六二七—一七〇五年）の思想を手がかりとして、「共生」について考えてみよう。

仁斎は青年期、熱心な朱子学の信奉者であり、朱子学の「居敬窮理《きょけいきゅうり》」を実践し、天理と一体になる（天人合一《てんじんごういつ》）ために、自らの内にある情欲（人欲）を抑えて心を純粋化しようとした。しかし、このような実践を続けているうちに、仁斎は一種のノイローゼに陥ってしまう。とうとうここに至ってはじめて仁斎は、他者から孤立して自心の純粋化を窮めようとする朱子学の基本姿勢がこのような事態を招いたことに気づく。人間にとって重要なことは、孤立して真理と冥合《みょうごう》することなどではなく、人倫日用のごくあたりまえの世界、つまり眼前の人間関係（五倫《ごりん》）*1の中で生きることだと悟ったのである。そして仁斎は、孔子や孟子などの儒教の原点となる思想家が主張していたのも、まさにこの「人倫日用の学」だと主張した。彼の朱子学批判は、それが孔子や孟子の思想を歪めて解釈し、世俗の世界を超越した絶対的な主体である聖人を理想としていることにあった。このような批判に基づいて、仁斎は朱子学を媒介とせずに、『論語』や『孟子』を直接的に読み込んでいく。

仁斎のこのような「人倫日用の学」を端的に示すのが、『童子問《どうじもん》』の「人の外に道無く、道の外に人無し」（『近世思想家文集』上巻八章*2）というテーゼである。*3仁斎が批判した朱子学では、人道は、天道と密接に結びついており、天理によって掣肘《せいちゅう》されるべきものであった。それに対して仁斎は、天道から独立した人道を主張する。人道とは、家族関係をはじめとするさまざまな社会的関係における徳の実践的実現の道である。このような実践として、仁斎は、「拡充」（拡大充実）を重んじる。

*1　「五倫」とは、人間の基本的な五つの間柄とその結合の様態であり、具体的には、父子の親、君臣の義、夫婦の別、長幼の序、朋友の信を指す。また、仁義礼智信からなる五常は、五倫において自覚される五つの徳目である。

*2　林景范刊本を底本とする伊藤仁斎『童子問』（『近世思想家文集』日本古典文学大系、岩波書店、一九六六年）の上巻八章を意味する。以下、『童子問』からの引用については同様に表記する。また『論語古義』については、関儀一郎編『日本名家四書註釈全書』論語部一（東洋図書刊行会、一九二二年、国立国会図書館近代デジタルライブラリー）により、書き下し、訳注に関しては、土田健次郎代表「伊藤仁斎・東涯の諸稿本に関する総合研究」（平成九―一二年科学研究費補助金成果報告書）を参考にした。『語孟字義』

については、『伊藤仁斎・伊藤東涯』（日本思想大系、岩波書店、一九七一年）による。なお、仁斎の思想構造の理解に関しては、黒住真『近世日本社会と儒教』（ぺりかん社、二〇〇三年）、子安宣邦『伊藤仁斎』（東京大学出版会、一九八二年）、相良亨『伊藤仁斎』（ぺりかん社、一九九八年）、高島元洋『山崎闇斎』（ぺりかん社、一九九二年）、同『日本人の感情』（ぺりかん社、二〇〇〇年）、竹村牧男・高島元洋編著『仏教と儒教――日本人の心を形成してきたもの』（放送大学教育振興会、二〇一三年）、高橋文博『近世の心身論――徳川前期儒教の三つの型』（ぺりかん社、一九九〇年）、豊澤一『近世日本思想の基本型――定めと当為』（ぺりかん社、二〇一一年）、吉川幸次郎『仁斎・徂徠・宣長』（岩波書店、一九七五年）、和辻哲郎『日本倫理思想史研究』下（岩波書店、一九五二年、和辻哲郎全集第一三巻、一九六二年所収）を参考にした。

＊3　他の言い方としては、「俗の外に道無く、道の外に俗無し」（『近世思想家文集』中巻六十一章）という言葉がある。そして、この言葉の直後では、「一点の俗気と雖ども亦著け得ず。此れは上達の光景」と言われる。仁斎の想定している「俗」とは、その強度において修行にも比することができる自覚的な実践の場であることによって、「俗気」を免れているのである。

では、「拡充」とは何か。仁斎は、孟子にならって、人間の心には「四端《したん》の心」が具わっていることを強調する。「四端の心」とは、人がみな、おのずからにもっている功利打算を超えた心であり、「惻隠《そくいん》」（他者を憐れむ心）、「羞悪《しゅうお》」（不正や悪を恥じ憎む心）、「辞譲《じじょう》」（譲ってへりくだる心）、「是非《ぜひ》」（良し悪しを見分ける能力）の四つである。これらを「端緒」として、それを押し広げることにより、仁義礼智という徳目が実現するのである。たとえば孟子は、惻隠の心として、子供が井戸に落ちそうになれば誰もが驚き、それを見過ごせないと指摘する。この他者の不幸を見過ごせない心は「忍びざるの心」と言われる。

自己に具わっている惻隠の心は、そのままに放っておけば断片的に、その場限りに現れては消えてしまう儚いものに過ぎないが、これを、自覚的に人間の道とかかわらせて捉え、持続的に実践し、最終的には、万人に施す「仁」(仁愛、包括的な愛)にまで高めるのが「拡充」である。

「四端の心」を出発点として、自己が生きている場において「道」を自覚し、実践することが仁斎にとっての「人倫日用の学」である。朱子学は、世俗を超越し、人欲を離れ、天理を体現すること(修己《しゅうこ》)で得た絶対的主体性に基づいて、聖人が世俗を統治すること(治人《ちじん》)を主張するが、仁斎はそのような聖人になることをめざさず、世俗において眼前の人間関係に徹し、そこにおいて自らなすべきこと(具体的には「忠信敬恕*」)を行うことを説く、「日常卑近の学」を主張したのである。

* 「忠信」は、家族関係における年長への敬意を意味する「孝悌」を、家族関係から出発して広く一般的関係にまで押し進めたものである。「忠」は、他者に対して自分を偽らないこと、「信」は、他者に対して真実ありのままの言葉を発することであり、これらは「誠」とも呼ばれた。また「敬」は他者に対する慎み、畏敬であり、「恕」は、他者の心を察し思いやることである。これらの「忠信敬恕」は、いずれも眼前の具体的他者に対するあり方であり、道徳の「本体」としての「仁義礼智」を実現するための「修為」とされた。

そして、このような実践によって到達する理想状態、すなわち仁の完成(仁の成徳)について、『童子問』は次のように説明する。

慈愛の心、渾淪通徹《こんりんつうてつ》、内より外に及び、至ずといふ所無く、達せずといふ所無ふ《の》して、一毫残《いちごうざん》忍刻薄《にんこくはく》の心無き、正に之を仁と謂ふ。此に存して彼れに行はれざるは、仁に非ず。（中略）心愛を離れず、愛心に全く、打て一片と成る、正に是れ仁。故に徳は人を愛するより大なるは莫《な》く、物を忮《そこな》ふより不善なるは莫し。孔門仁を以て学問の宗旨《そうし》と為るは、蓋此れが為めなり。

（『童子問』上巻四十三章）

（慈愛の心が世界に満ち溢れ、行き渡り、内から外へと広がりあらゆる場所に広がり、ほんの少しも残酷な心がないという状態を仁という。ここでは行き渡っているが、あそこでは違うというのでは仁ではない。（中略）心に愛があって、愛によって心が満たされ愛そのものとなる。まさにこれが仁である。それゆえ、徳とは人を愛することに極まり、人を損なうことがもっとも悪なのだ。孔子の教えが仁をもって学問の枢要とするのは、このためなのだ。）

我能《よ》く人を愛すれば、人亦《また》我を愛す。相親み相愛すること、父母の親みの如く、兄弟の睦きが如く、行ふとして得ずといふこと無く、事として成らずといふこと無し。

（『童子問』上巻四十四章）

（私が人を愛せば、人も私を愛する。相親しむことはあたかも親子や兄弟の仲のようである。そのときには何も不可能なことはなく、成就しないことはないのだ。）

ここで仁斎は、「仁の完成」された状態では、世界の隅々にまで、個々人が発揮する「慈愛の心」[*1]が届き、万人に対して慈愛が発揮されるという。そして、人々は互いに愛し合い、天下が慈愛で満たされる。これは、まさに「共生」の光景そのものであろう。

朱子学が、自己の心における道徳の完成を求め、その完成者である聖人が天下を治めるというモデルで学のシステムを考えていたのに対して、仁斎は、「四端の心」を拡充する日常的な道徳的実践こそが学問であるとする。[*2]そして世俗世界のただ中で、親子、主従などの人間関係を拠点としてなされる道徳的実践は、それを究極まで拡充すれば、世界を自己の「慈愛の心」で満たすことすら可能であるとするのである。

では、個々の「慈愛の心」に基づく行為が、極限的な愛の光景である「仁の成徳」へとたしかに導かれ得るということは、どのように保証されているのか。この疑問に対して端的に答えるならば、それは仁斎の世界把握の根源にある生々観に基づくと言える。世界を次々に新しい事物事象を生み出してとどまることのない一大活物として捉える生々観に依拠して、仁斎は、『童子問』で次のように述べる。

凡そ天地の間は、皆一理のみ。動有て静無く、善有て悪無し。蓋静とは動の止、悪とは善の変、善とは生の類、悪とは死の類、両の者相対して並び生ずるに非ず。皆生に一なるが故なり。（『童子問』中巻六十九章）

（おおよそ、天地の間には一つの「理」があるだけだ。それは、動であって静ではなく、善があって悪はない。静とは動が一時的に止まったものであり、悪とは善が一時的に変じたものに過ぎない。善とは生であり、悪とは死である。善と悪、生と死が相対して並んでいるわけではない。みな、生や善に一体化するからである。）

天地の間を貫くのは、あらゆるものを生み出す根源的な力であり、その生々する力を受けて万物は存在している。その生成の運動が無窮に続くことが善であり、それがとどまることが悪である。ときには停滞し、運動が休止しているようにみえても、それは一時のことであって、全体としてみれば、生々し続けていくのである。

そして、人間にとっては、この生々の運動を自覚し、それをわが身に体現し続けることが道徳的行為となる。これこそが「拡充」なのである。「拡充」とは、自らの中におのずからある「四端の心」を他者に向かって発動させ続け、最終的には世界全体へと押し広げ、世界全体を「慈愛の心」で満たし続けることである。「拡充」という行為は、一大活物である世界の生々を基盤としてなされると同時に、人はこの「拡充」においてこそ、世界全体の無窮の「生々」に参与し、また世界全体を無窮に「生々」させ続けることが可能となるのである。[*3]

こうした仁斎の思想を、本章のテーマである「共生」の観点からまとめておこう。仁斎が批判した朱子学における理想的人間である聖人が、人倫を離れて自らの心を磨き上げて理を体得し、徳を成就し、そこで得た絶対的な主体性に依拠して、今度は人倫を統治する者とされているのに対して、仁斎は、家族関係からはじまる多様な社会関係の中で、家族に対するような親愛の情をもって行為することを説いた。これは、まさに「共生」に他ならない。そしてこの「共生」は、個々の人間が、世界全体が一大活物として生々し続けていることを自覚し、その運動を「拡充」することを使命として自分から世界へと常に「慈愛の心」を発動し続けることにおいて実現されるのである。

＊1　仁斎は、「仁」と「愛」とを峻別している。「愛」は個別的な他者への思いやりであり、個々人がもつことができるのに対して、個々人は直接的に一挙に「仁」を実現することはできない。「愛」を通じて漸進的に、世界全体を覆う徳としての「仁」が達成されるのである。

＊2　「孝弟は乃ち学問の本根」（『論語古義』学而、二、大註）、「忠信は、学の根本」（『語孟字義』忠信二）と言われている。

＊3　ここにも、道元に関して言及した、「本来あるところのものに成る」という循環構造がみてとれる。この循環構造は、日本の実践をめぐる思想にしばしば登場するものである。道元をはじめとする大乗仏教では、本来性は俗世の日常を超越した「さとり」の体験において自覚されるが、その自覚はさらにいったんは離脱した俗世へ再び還帰し、他者とかかわることへと展開していく。仁斎の拡充の実践の基盤となる「人倫日常」とは、俗世でありつつも、それは単なる表層的で無自覚な生の場としてのそれではなく、より根源的で自覚的な生の場である。実践と本来性の自覚とが緊密に結びついているという意味で、その実践は宗教的修行と同質なものとも言えよう。このような構造的な同質性がある一方で、その実践の内実をみていくと、たとえば大乗仏教の行為実践が、衆生一般、究極的には全時空の生きとし生けるものの総体を念頭に置いているのに対して、仁斎をはじめとする儒教は、共同体においてすでに規定されている関係を必須

の実践的基盤としている。たとえば、「親を親とするより之を充《み》てて朋友郷党所識疎薄の人に至るまで、慈愛の心、周遍浹洽、底《いた》らずといふ所無ふして、一毫残忍忮害の念無き者、之れを仁と謂ふ」(『童子問』中巻六章)とあるように、仁斎における慈愛は、親子からはじまって段階的に世界へと広がるものであり、そこには常に「親疎」による秩序が想定されている。この問題については、田尻祐一郎「『四端』と『孝悌』——仁斎試論」(『日本漢文学研究』創刊号、二〇〇六年)を参照されたい。

4 神道——和辻哲郎の「祀る神」「祀られる神」理解をめぐって

最後に、日本の神道における「共生」について考えてみよう。八百万《やおよろず》の神々を祀《まつ》る神道は、地縁・血縁によって結ばれた共同体を基盤として成立したもので、特に「祀り」をともにすることによって共同体の紐帯を強化し、コミュニティの活性化をめざすものである。また、山や川などの自然物を神として尊崇の対象とする神道的思惟は、自然と人間との共生という観点から、近年注目を集めてもいる。このように神道は、共同体における人と人、また自然と人などの「共生」を前面に出したものと言うことができよう。

しかし、前述した仏教や儒教とは違って、「言挙げせず」を伝統とし、本来、文字化された教義をもたない神道の「共生」の思想を直接に検討することには困難がつきまとう。そこでここでは、和辻哲郎が記紀神話を分析して解明した「カミ」に対する祭祀理解を参考にしながら、神道における「共生」の基盤を考えてみよう。*

＊ 和辻の神観念に関して詳しくは、拙論「和辻倫理学と天皇制――「祀る」神と「祀られる」神を手がかりとして」(『淳心学報』第六号、一九八八年)、拙著『日本の仏教思想』(北樹出版、二〇一〇年)第一章「古代日本の仏教思想」、二「外来思想として仏教の受容と定着」を参照されたい。

さて、一般に、日本の神の定義としては、本居宣長『古事記伝』巻三所載の「何にまれ、尋常《よのつね》ならずすぐれたる徳《こと》のありて可畏《かしこき》もの」が広く知られている。つまり、日本では、人間を超えた優れた力をもつ畏怖すべき存在は、みな神であると捉えられ、人間の生活に密接にかかわる自然物や道具、動物、人並はずれた能力を示す指導者や英雄などが神とされてきた。そして、神のもつ力そのものは、人間を超えたものであり、その力がプラスのかたちで発現されれば人間に恩恵を与えるが、マイナスのかたちで現れれば祟《たた》りとされる。祟りを避け、恩恵を受けられるよう、つまりともに豊かに生きられるように、神の力の発現の方向をプラスになるように統御するのが、祭祀である。たとえば、古来農耕と密接にかかわる川や水源の山は、神として崇められ、水害や旱魃を避けるために定期的に祭祀が行われ、人々は安定的な用水の確保を祈願した。

ここで注目されるのは、神への祈願は、基本的には共同体の維持発展を目的とするものであったということである。伝統的共同体においては、個人は共同体的存在であり、個の繁栄は共同体の繁栄に裏づけられていると考えられていたから、祈願も個の願望を祈るのではなく、共同体の存続と発展を祈るものであった。

冒頭でも言及した、倫理学者でもあり優れた日本文化研究者でもあった和辻哲郎は、主著『日本倫理思想史』において、記紀神話の分析により、日本人の神観念について説得的な議論を展開している。和辻によれば、日本の神には、「祀る神」「祀るとともに祀られる神」「単に祀られるのみの神」「祀りを要求する祟り神」の四種類がある（『日本倫理思想史』上〔前掲、和辻哲郎全集第一二巻、五五―七三頁〕を参照）。この四種類の神は、大きく「祀られる神」と「祀る神」に分けることができる。「祀られる神」とは、恵みを与えると同時に祟りももたらす神であり、自然のエネルギーを神格化したものと考えられる。和辻はこの神は、基本的なパターンとしては立ち現れたときには名がわからない神として圧倒的な力を示しつつ顕現する神であり、名がわからないという意味で「不定の神」であるという（名の不明は、人間の側の枠組みに取り込むことができないことを表しており、名がわからない限り、祀ることはできない。これに一定の名を与えることが祭祀の第一歩である）。

それに対して、「祀る神」とは、祭祀の執行者を神格化したものである。神格化するとは、ここでは当該の対象を他のものとは違う次元にある聖なるものとして区別し、それに対して特別な態度を取ることである。自然は、人間には如何ともし難い圧倒的な力をもつがゆえに神とされたが、その自然の力を祭祀によって統御し得ると考えられていた祭祀者は、その祭祀の力ゆえに神として尊貴性をもつとされたのである。*

＊　祭祀者の中でも最高の存在は天皇である。天皇は、神々の中でも最高の神である天照大神の子孫であるという血筋ゆえに、神々をもっともよく祀り得るものであると考えられた。祭祀の権威によって天皇の尊貴性は保証され、天皇自身、祀られる存在であり、現人神であるとされたのである。

ここで注目されるのは、和辻哲郎が、祀る神は祭祀のもつ力ゆえに、祀られる神よりもより高い尊貴性をもつと説明していることである。つまり、和辻の前提は、神、すなわち人間の共同体の外部にある力[*1]は、祭祀者によって祀られ得るということなのである。この側面から、和辻は、祭祀の役割を、「不定の通路になる」「不定を一定化する」と言い表している。ここで言う「不定」とは、「不定の神」のさらに背後にあって、「不定の神」を成立せしめている力そのものである。和辻の説明をみてみよう。

> 祭祀も祭祀を司どる者も、無限に深い神秘の発現し来る通路として、神聖性を帯びてくる。そうしてその神聖性のゆえに神々として崇められたのである。しかし無限に深い神秘そのものは、決して限定せられることのない背後の力として、神々を神々たらしめつつもそれ自身遂に神とせられることがなかった。これが神話伝説における神の意義に関して最も注目せらるべき点である。究極者は一切の有るところの神々の根源でありつつ、それ自身いかなる神でもない。言いかえれば、神々の根源は決して神として有るものにはならないところのもの、即ち神聖なる

「無」である。それは根源的な一者を対象的に把捉しなかったということを意味する。

（傍点は原文による。和辻哲郎全集第一二巻、六七頁）

たしかにありながら、具体化・対象化され得ないという意味で「神聖無」と呼ばれるような、無制約的な自然の力を、人間の生活に役に立つかたちで導入し、秩序を創出するのが祭祀の役割である。それゆえに、祭祀する神は、祭祀される神よりも尊貴な存在であるとされたのである。*2

これまでのところで、神道における「共生」は、外部にある根源的な力（端的には無制約的な自然の力）を祭祀によって、共同体を利するかたちで共同体内に取り込むことによってはじめて成立するものであることが明らかになった。人間に恵みを与えると同時に、ときには荒ぶって災いをもなす自然は、祭祀によって馴致《じゅんち》されることによって人間にとって調和的なものとなった。人と人、人と自然が「共生」できる場は、まさに祭祀によって確保されると、神道的思惟は捉えるのである。

＊1　和辻は、不定の神の背後にはさらに「不定そのもの」があると指摘する。引用にもあるように、この「不定そのもの」は、「背後にある無限に深い者」、「無限に深い神秘」、「決して限定せられることのない背後の力」、「神聖なる無」とも言われる。

＊2　ただし、祭祀する神が祭祀される神よりも尊貴性が高いというのは、祭祀をする側からの、つまり秩序を維持創出する側からの価値づけであって、存在論的には、祭祀される側の方が、つまり共同体の外部にある自然の力の方が人間の秩序よりも強大であると考えられる。

日本の仏教、儒教、神道、それぞれにおける「共生」の基盤を考察してきた。人が人と調和的に生きることの肯定は、この三者に共通するが、それを支える思想的な基盤は、仏教の場合は自他対立する世俗世界を超えた次元における「自他一如」(「縁起‐無自性‐空」とも言い換えられよう)であり、古学に代表される日本儒教では「生々」し続ける「一大活物」としての世界であった。仏教においては、修行を通じてその世界を自覚し、実現することが求められ、布施や愛語等の具体的実践もその世界の実現という観点から意義づけられた。日本儒教においても「四端の心」を拡充する道徳的実践こそが「一大活物」たる世界の「生々」に参与することとされた。また、神道においては、自然の無制約的力それ自身を安定的・調和的に取り込む営為である祭祀によって、「共生」を可能とする生活空間が創出された。

和辻哲郎が『日本倫理思想史』や『風土』において、また、中村元が『日本人の思惟方法』において指摘しているように(前掲、和辻哲郎『日本倫理思想史』上下、同『風土』〔前掲全集第八巻〕第三章「モンスーン的風土の特殊形態」二「日本」、中村元『日本人の思惟方法』〔『決定版中村元選集』第三巻、春秋社、一九六二年〕第二章「与えられた現実の容認」、第三章「人間結合組織を重視する傾向」を参照)、日本人は伝統的に人間を「間柄的存在」として捉え、「しめやかな情愛」「隔てなき結合」の尊重、「人間結合組織を重視する傾向」「与えられた現実の容認」を特性としてもつ。このことはまさに、日本人の現実的共同体における「共生」の重視という伝統の形成を促進してきた。このような「共生」の重視は、調和的社会の形成を促す反面、それが表面的に捉えられた場合、主体性を喪失した大勢への随順や、異質な他者の排除へとつながりかねない側面をもつ。しかし、仏教にしても儒教にしても神道にしても、それらが現実の「共生」を支えるその原理的基盤にまで遡るならば、自他一如の「縁起-無自性-空」、生成する一大活物、無制約的自然力という、有限な個体としての人間の主体性を支える「無限なるもの」へと行き着くことができる。このような「無限なるもの」を自覚することによってはじめて、有限なる人間と現実の共同体とは相対化される。そのことを通じて、自己絶対化して多様な他者を排除することを免れるとともに、真の主体性を得ることができるのである。本章で考察した日本の伝統的な諸思想は、まさにこの「無限なるもの」の自覚による有限なる自己の相対化、そして「無限なるもの」の自覚に基づく「共生」を、それぞれの文脈において主張していると言えるだろう。

参考文献

アリストテレス『ニコマコス倫理学』上下、高田三郎訳、岩波文庫、一九七三年
一遍『一遍上人語録』大橋俊雄校注、岩波文庫、一九八五年
伊藤仁斎『語孟字義』、『伊藤仁斎・伊藤東涯』清水茂校注、日本思想大系、岩波書店、一九七一年
――『童子問』、『近世思想家文集』清水茂校注、日本古典文学大系、岩波書店、一九六六年
――『論語古義』、関儀一郎編『日本名家四書註釈全書』論語部一、東洋図書刊行会、一九二二年、国立国会図書館

近代デジタルライブラリー

『仮名法語集』宮坂宥勝校注、日本古典文学大系、岩波書店、一九六四年
鴨長明『発心集』、三木紀人校注『方丈記・発心集』新潮日本古典集成、一九七八―八〇年
景戒『日本霊異記』上中下、中田祝夫全訳注、講談社学術文庫、一九七九年
『源平盛衰記』全七巻、市古貞次他校注、中世の文学、三弥井書店、一九九一―二〇一五年
『古事記・祝詞』倉野憲司・武田祐吉校注、日本古典文学大系、岩波書店、一九五八年
『聖徳太子集』家永三郎他校注、日本思想大系、岩波書店、一九七五年
『承久兵乱記』村上光徳編、おうふう、二〇〇一年
『浄土三部経』上下、中村元他訳注、岩波文庫、一九六三、六四年、九〇年改訳
『続日本紀』全五冊、佐竹昭広他編、新日本古典文学大系、岩波書店、一九八九―九八年

鈴木正三『万民徳用』、『仮名法語集』宮坂宥勝校注、日本古典文学大系、岩波書店、一九六四年
『説経集』室木弥太郎校注、新潮日本古典集成、一九七七年
『荘子』、市川安司他著『老子・荘子』上、『荘子』下、新釈漢文大系第七、第八巻、明治書院、一九六六年、六七年
沢庵宗彭『安心法門』、市川白弦著『日本の禅語録第一三巻　沢庵』講談社、一九七八年
――『不動智神妙録』、澤庵和尚全集刊行會編『澤菴和尚全集』巻五、一九二九年
近松門左衛門『曽根崎心中』重友毅校注、日本古典文学大系、岩波書店、一九五八年
道元『正法眼蔵』、大久保道舟編『道元禅師全集』上巻、筑摩書房、一九六九年
――『正法眼蔵随聞記』、大久保道舟編『道元禅師全集』下巻、筑摩書房、一九七〇年
――『普勧坐禅儀』大久保道舟編『道元禅師全集』下巻、筑摩書房、一九七〇年
――『赴粥飯法』大久保道舟編『道元禅師全集』下巻、筑摩書房、一九七〇年
『日本書紀』上下、坂本太郎他校注、日本古典文学大系、岩波書店、一九六五、六七年
白隠慧鶴『白隠禅師法語全集』第四冊、芳澤勝弘訳注、禅文化研究所編、禅文化研究所、二〇〇〇年
盤珪『盤珪禅師説法』、赤尾龍治編『盤珪禅師全集』大蔵出版、一九七六年
――『盤珪禅師語録』鈴木大拙編校、岩波文庫、一九四一年
――『盤珪仏智弘済禅師御示聞書』、赤尾龍治編『盤珪禅師全集』第五部資料解説、大蔵出版、一九七六年
――『行業曲記』、『盤珪禅師語録』鈴木大拙編校、岩波文庫、一九四一年
藤村庸軒述、久須見疎安記『茶話指月集』、『日本の茶書』二、東洋文庫、平凡社、一九七二年
『ブッダ最後の旅』中村元訳、岩波文庫、一九八〇年
『ブッダのことば　スッタニパータ』中村元訳、岩波文庫、一九八四年
『平家物語』梶原正昭・山下宏明校注、新日本古典文学大系、岩波書店、一九九三年

法然『四十八巻伝』法然上人行状絵図巻一、『法然上人傳全集』井川定慶集解、法然上人伝全集刊行会、一九五二年
『法華義疏』上下、花山信勝校訳、岩波文庫、一九七五年
『マヌの法典』田辺繁子訳、岩波文庫、一九五三年
『万葉集』、佐竹昭広他編、新日本古典文学大系、岩波書店、一九九九―二〇〇三年
『新校本　宮澤賢治全集』全一六巻、別巻一、筑摩書房、一九九五年―二〇〇九年
夢窓国師『夢中問答集付谷響集』古典資料類従5、勉誠社、一九七七年
村田珠光「古市播磨宛一紙」、林屋辰三郎他編注『日本の茶書』一、平凡社東洋文庫、一九七一年
本居宣長『古事記伝』、大野晋他編『本居宣長全集』第九―一二巻、筑摩書房、一九六八―七四年
山上宗二『山上宗二記』、林屋辰三郎他編注『日本の茶書』一、平凡社東洋文庫、一九七一年
山本常朝『葉隠』、『三河物語・葉隠』齋木一馬他校注、日本思想大系、岩波書店、一九七四年
『礼記』上中下、竹内照夫校注、新釈漢文大系、明治書院、一九七一―七九年
『律令』井上光貞他校注、日本思想大系、岩波書店、一九七六年
『類聚国史』新訂増補國史大系第五巻、黒板勝美・國史大系編修會共編、吉川弘文館、一九六五年
『論語』金谷治訳注、岩波文庫一九九九年

家永三郎『日本思想史に於ける否定の理論の発達』弘文堂、一九三五年
石井進『中世武士団』、『日本の歴史』第一二巻、小学館、一九七四年、のち講談社学術文庫、二〇一一年
――『鎌倉武士の実像――合戦と暮しのおきて』平凡社、一九八七年
石毛直道監修『講座食の文化』全七巻、農山漁村文化協会、一九九八―九九年
――『日本の食文化史――旧石器時代から現代まで』岩波書店、二〇一五年

石母田正『中世的世界の形成』伊藤書店、一九四六年
今枝愛真『中世禅宗史の研究』東京大学出版会、一九七〇年
江原絢子他編『日本の食文化史年表』吉川弘文館、二〇一一年
王勇『聖徳太子時空超越――歴史を動かした慧思後身説』大修館書店、一九九四年
大山誠一『〈聖徳太子〉の誕生』吉川弘文館、一九九九年
――『聖徳太子と日本人』風媒社、二〇〇一年
――編著『聖徳太子の真実』平凡社、二〇〇三年
岡倉天心『英文収録　茶の本』桶谷秀昭訳、講談社学術文庫、一九九四年
苅米一志『殺生と往生の間――中世仏教と民衆生活』吉川弘文館、二〇一五年
菅野覚明『武士道に学ぶ』日本武道館、二〇〇六年
――『武士道の逆襲』講談社現代新書、二〇〇四年
――『よみがえる武士道』ＰＨＰ研究所、二〇〇三年
熊倉功夫『茶の湯の歴史――千利休まで』朝日選書、一九九〇年
――『日本料理の歴史』歴史文化ライブラリー、吉川弘文館、二〇〇七年
――『日本料理文化史――懐石を中心に』人文書院、二〇〇二年
熊野純彦『和辻哲郎――文人哲学者の軌跡』岩波新書、二〇〇九年
黒住真『近世日本社会と儒教』ぺりかん社、二〇〇三年
――『複数性の日本思想』ぺりかん社、二〇〇六年
小池喜明『『葉隠』の叡智――誤一度もなき者は危く候』講談社現代新書、講談社、一九九三年
――『『葉隠』の志――「奉公人」山本常朝』武蔵書院、一九九三年。のち『葉隠――武士と「奉公」』と改題して講

談社学術文庫、一九九九年
――『武士と開国』ぺりかん社、二〇〇八年
神津朝夫『千利休の「わび」とは何か』角川選書、二〇〇五年、のち角川ソフィア文庫、二〇一五年
――『茶の湯と日本文化――飲食・道具・空間・思想から』淡交社、二〇一二年
――『茶の湯の歴史』角川選書、二〇〇九年
――『山上宗二記入門』角川学芸出版、二〇〇七年
幸津國生『茶道と日常生活の美学』花伝社、二〇〇三年
河野喜雄『わび・さび・しおり――その美学と語源的意味』ぺりかん社、一九八二年
子安宣邦『伊藤仁斎――人倫的世界の思想』東京大学出版会、一九八二年
――『伊藤仁斎の世界』ぺりかん社、二〇〇四年
相良亨『伊藤仁斎』ぺりかん社、一九九八年
――『日本人の死生観』、著作集第四巻、佐藤正英他編、ぺりかん社、一九九四年
――『武士道』、著作集第三巻、佐藤正英他編、ぺりかん社、一九九三年
佐藤正英『日本倫理思想史』（増補改訂版）東京大学出版会、二〇一二年
――『日本の思想とは何か』筑摩書房、二〇一四年
佐藤密雄『律蔵』仏典講座4、大蔵出版、一九七二年
清水正之『日本思想全史』筑摩新書、筑摩書房、二〇一四年
下田正弘『涅槃経の研究――大乗経典の研究方法試論』春秋社、一九九七年
白川静『字訓』普及版、平凡社、一九九五年
――『字通』平凡社、一九九六年

――『字統』普及版、平凡社、一九九四年
末木文美士『近世の仏教――華ひらく思想と文化』吉川弘文館、二〇一〇年
杉本良夫、ロス・マオア『日本人は日本的か――特殊論を超え多元的分析へ』東洋経済新報社、一九八二年
鈴木大拙『禅と日本文化』、全集第一一巻、岩波書店、一九七〇年
曾根正人『聖徳太子と飛鳥仏教』歴史文化ライブラリー、吉川弘文館、二〇〇七年
高島元洋『日本人の感情』ぺりかん社、二〇〇〇年
――『山崎闇斎』ぺりかん社、一九九二年
高橋文博『近世の心身論――徳川前期儒教の三つの型』ぺりかん社、一九九〇年
高橋昌明『武士の成立武士像の創出』東京大学出版会、一九九九年
竹村牧男・高島元洋編著『仏教と儒教――日本人の心を形成してきたもの』放送大学教育振興会、二〇一三年
田中二郎他編著『続 自然社会の人類学――変貌するアフリカ』、アカデミア出版会、一九九六年。
田中仙樵『茶禅一味』、全集第一巻、茶道之研究社、一九七六年
土田健次郎代表『伊藤仁斎・東涯の諸稿本に関する総合研究』、平成九―一二年科学研究費補助金成果報告書
筒井清忠『日本型「教養」の運命――歴史社会学的考察』岩波書店、一九九五年、のち岩波現代文庫
藤堂明保『漢字語源辞典』学燈社、一九六五年
戸田芳実『初期中世社会史の研究』東京大学出版会、一九九一年
豊澤一『近世日本思想の基本型――定めと当為』ぺりかん社、二〇一一年
中根千枝『タテ社会の人間関係――単一社会の理論』講談社現代新書、一九六七年
中村生雄『日本人と食肉』日本食肉消費総合センター、二〇〇三年
――『日本人の宗教と動物観――殺生と肉食』吉川弘文館、二〇一〇年

中村元『日本人の思惟方法』春秋社、二〇一二年、『決定版中村元選集』三、春秋社、一九六二年
――『普遍思想』、決定版選集別巻二、春秋社、一九九九年
永山久夫『日本古代食事典』東洋書林、一九九八年
西村道一『日本人の知――知ることと死ぬこと』ぺりかん社、二〇〇一年
西村玲『近世仏教思想の独創――僧侶普寂の思想と実践』トランスヴュー、二〇〇八年
新渡戸稲造『修養』全集第七巻、新渡戸稲造全集編集委員会編、教文館、一九七〇年
――『武士道』、全集第一四巻、新渡戸稲造全集編集委員会編、教文館、一九七〇年
日本倫理学会編『徳倫理学の現代的意義』慶應通信、一九九四年
芳賀幸四郎『わび茶の研究』淡交社、一九七八年
橋本直樹『日本食の伝統文化とは何か――明日の日本食を語るために』雄山閣、二〇一三年
長谷川櫂『和の思想』中公新書、二〇〇九年
原田信男『神と肉――日本の動物供犠』平凡社新書、二〇一四年
――『木の実とハンバーガー――日本食生活史の試み』NHKブックス、NHK出版協会、一九九五年。のち『日本人はなにを食べてきたか』と改題して、角川ソフィア文庫、二〇一〇年
――『なぜ生命は捧げられるか――日本の動物供犠』御茶の水書房、二〇一二年
――『歴史のなかの米と肉――食物と天皇・差別』平凡社選書、一九九三年、のち平凡社ライブラリー
東君『茶から茶道へ――茶文化の思想的背景に関する研究』市井社、一九九八年
久松真一「茶道箴」、著作集増補版第四巻、法蔵館、一九九四年
――『東洋的無』、著作集第一巻、法蔵館、一九九五年
藤原正彦『日本人の誇り』文春新書、二〇一一年

ベフ、ハルミ『イデオロギーとしての日本文化論』思想の科学社、一九八四年
細田典明編著『食と文化――時空を超えた食卓から』北海道大学出版会、二〇一五年
丸山眞男『丸山眞男講義録第五冊　日本政治思想史一九六五』東京大学出版会、一九九九年
丸山眞男対談集『自由について――七つの問答』SURE、二〇〇五年
三島由紀夫『葉隠入門』新潮文庫、新潮社、一九八三年
南博『日本人論――明治から今日まで』岩波書店、一九九四年
宮坂宥勝『仏教の起源』山喜房仏書林、一九七一年
森上優子『新渡戸稲造――人と思想』桜美林大学北東アジア総合研究所、二〇一五年
柳宗悦『南無阿弥陀仏』岩波文庫、一九八六年
山岸俊夫『心でっかちな日本人――集団主義文化という幻想』ちくま文庫、二〇一〇年
吉川幸次郎『仁斎・徂徠・宣長』岩波書店、一九七五年
吉永進一編『日本人の身・心・霊――近代民間精神療法叢書』第一期全八巻、第二期全七巻、クレス出版、二〇〇四年
頼住光子『正法眼蔵入門』角川ソフィア文庫、二〇一四年
――『道元の思想――大乗仏教の真髄を読み解く』ＮＨＫ出版、二〇一一年
――『日本の仏教思想』北樹出版、二〇一〇年
ローダン、レイチェル『料理と帝国――食文化の世界史　紀元前二万年から現代まで』みすず書房、二〇一六年
和辻哲郎『尊王思想とその伝統』、全集第一四巻、岩波書店、一九九〇年
――『日本倫理思想史』、全集第一二巻、第一三巻、岩波書店、一九九〇年所収
――『日本倫理思想史研究』下、全集第一三巻、岩波書店、一九六二年
――『風土』、全集第八巻、岩波書店、一九八九年

荒木雪葉「「和の文化」論――「和為貴」解釈を端緒として」『和の文化』創刊号、二〇一二年
荒木夏乃「和辻哲郎における「個性」の意義について」『人間文化創成科学論叢』第一八号、お茶の水女子大学大学院人間文化創成科学研究科、二〇一五年
石島尚雄「「大地有情同時成道」に関する一考察――特に道元門下の立場をめぐって」『印度學佛教學研究』第四四巻第一号、一九九五年
井上哲次郎「武士道総論」、佐伯有義編『武士道全書』第一巻、時代社、一九四二年
大澤真幸「「食」をめぐる葛藤の弁証法的解決」『本』第四二巻第二号、講談社、二〇一七年
大森一樹「Samyutta Nikdya における縁起の根拠としての四食」(『印度學佛教學研究』第五七巻第一号、二〇〇八年一二月
岡田大助「経験の喪失に抗う――伊藤仁斎の「忠信」を手掛かりに」『道徳と教育』第四六号(第一・二号)、二〇〇一年
――「『葉隠』における「死ぬこと」と倫理――「別」という転換を手掛かりに」『季刊日本思想史』第六二号、二〇〇二年
岡田真美子「仏教における環境観の変容」『姫路工業大学環境人間学部研究報告』第一号、一九九九年
小川宏「四食論考」『智山學報』第四十輯、一九九一年三月
木村純二「武士における人間性の自覚」『倫理学紀要』第一〇輯、東京大学文学部倫理学研究室、二〇〇〇年
――「伊藤仁斎における「恕」の意義」『国士館哲学』第七号、二〇〇三年
小林崇仁「日本古代における山林修行の資糧(一)――乞食・蔬食」『紀要』第三巻、蓮花寺佛教研究所、二〇一〇年
佐藤正英「近世武家の生命思想――『三河物語』の場合」『国文学　解釈と鑑賞』第四〇号(一)、至文堂、一九七五年

――「武士の思想――主従関係をめぐって」『季刊日本思想史』第四号、ぺりかん社、一九七七年
下田正弘「三種の浄肉再考――部派における肉食制限の方向」『佛教文化』第二二巻、東京大学仏教青年会、一九八九年
下室覚道「四摂法について――その説示対象と道元禅師の意図」『宗学研究』四五、二〇〇三年
――「道元禅師の布施観――『正法眼蔵』「四摂法」の布施について」『駒澤短期大学仏教論集』第九巻、二〇〇三年
新保哲「道元の菩薩道と福祉の精神」『文化女子大学紀要　人文・社会科学研究』第一三巻、二〇〇五年
高島元洋「伊藤仁斎の生々観をめぐって――生々とその自覚」『季刊日本思想史』第一七号、ぺりかん社、一九八一年
――「「思想史」とは何か――「日本倫理思想史」に関する方法論的反省」（『お茶の水女子大学比較日本学研究センター研究年報』創刊号、二〇〇五年
――「日本儒教の特徴」『お茶の水女子大学大学院教育改革支援プログラム「日本文化研究の国際的情報伝達スキルの育成」平成二〇年度活動報告書　海外教育派遣事業編』二〇〇九年
高橋幸平「アリストテレス倫理思想における二つの観想」『倫理学年報』第五五巻、日本倫理学会、二〇〇六年
田尻祐一郎「「四端」と「孝悌」――仁斎試論」『日本漢文学研究』創刊号、二〇〇六年
富山はつ江「道元における菩提蔵垣四摂法」前・後『日本女子大学紀要文学部』第二四、二五巻、一九七四、七五年
――「道元における菩提薩埵四摂法」前・後『日本女子大学紀要文学部』二四、二五、一九七四、七五年
西村玲「不殺生と放生会」『東洋大学「エコ・フィロソフィ」研究』第六巻、二〇一二年
藤村安芸子「阿弥陀仏を食べた人々――『今昔物語集』巻四第三七話考」『倫理学紀要』第九輯、東京大学文学部倫理学研究室、一九九八年
道端良秀「中国仏教と肉食禁止の問題」『大谷學報』第四六巻二号、一九六六年
森田悌「〈学界動向〉最近の聖徳太子研究――大山・吉村両氏の近著に寄せて」『弘前大学國史研究』第一一二号、二〇

〇二年
安井広済「入楞伽経における肉食の禁止」『大谷學報』第四三巻第二号二、一九六三年
吉田真樹「「殺される」ということ——葉隠返照」『葉隠研究』第三五号、葉隠研究会、一九九八年
頼住光子「聖徳太子の片岡山説話についての一考察」『日本文化研究の国際的情報伝達スキルの育成活動報告書』平成二一年度学内教育事業編、二〇一〇年
——「和辻倫理学と天皇制——「祀る」神と「祀られる」神を手がかりとして」『淳心学報』第六巻、一九八八年

あとがき

今日ますます加速するグローバリゼーションは、われわれに、文化的価値の多様性、多元性を改めて認識させた。西洋文明であれ何であれ、ある特定の文化や思想が、自らの普遍性を素朴に主張することはもはや不可能になっている。また、近代という時代をよくも悪くも形作ってきた国民国家、国民文化の枠組みは部分的にはすでに流動化の様相を呈しはじめている。「国民」という均質な像が崩壊することによって、統一的な価値、文化はとめどなく拡散し細分化されていく。まさに「神々の争い」というにふさわしい、通約不可能な価値の多元化の中で生を営まざるを得ない状況に、われわれは置かれていると言えよう。

また、昨今、文系の学問的方法論として主流を占めている構築主義的アプローチの下で、「日本人」「日本文化」に関わる言説が、ある社会状況の中で一定の意図をもって作り上げられてきたものであることがほぼ常識化しつつある。日本のそれも含めて、あるテクストや文化現象を分析して一種の「イデオロギー暴露」をするような研究もあとを絶たない。このような状況の中で、日本思想や日本人について語る意義はいったいどこにあるのか。日本倫理思想史研究者として長年気になっていたことの問いに対して、最終的な解答が得られたわけではないが、現在の状況の中で、仏教の「縁起‐無自性‐空」を軸として「日本人」「日本文化」論を構想することにも何らかの意味があるのではないかと考える。

つまり、通約不可能な価値の多元化の現実の中で、分断されて生きるわれわれにとって、仏教の「縁起‐無自性‐空」の発想、すなわち自他や世界のありとあらゆるものとの時空を超えた連続性を構想することは、現実を相対化し新たな現実を創り上げるための一つの手がかりとなるのではないだろうか。「通約不可能」すなわち分断の否定は、決して、ある既成の固定的な価値や思想への同一化ではない。それは、常に、非「通約不可能」のかたちをとり、分断を否定しつつ、新たな連続性を立ち上げようとする、たえざる運動なのである。日本の歴史の中で、どの時代も、その時代特有の困難をもったであろうが、その中で、眼前の現実を超えて希望をもとうとした人々にとって、仏教はこの意味において糧となり得たのではないだろうか。

本書は、求めに応じてまた時々に触発されて書いたまま、自分でも忘れていたような小さな論文を、ぷねうま舎の中川和夫氏が「さとりと日本人」という題名の下に構成してくださったものである。一書として通して読み直してみて、自分自身がある一貫した関心の下で論文を書いていたことに改めて気づいた。中川氏に心からお礼申し上げたい。

二〇一七年一月十八日

頼住光子

初出一覧

＊ 以下に、本書に収録した各論考の初出を掲げる。なお、本書への収録にあたっては、それぞれに加筆・修正を行った。

第一章　食と仏教
原題・仏教における「食」
『大学院教育改革支援プログラム「日本文化研究の国際的情報伝達スキルの育成」平成二一年度活動報告書　学内教育事業編』お茶の水女子大学大学院人間文化創成科学研究所、二〇〇九年

第二章　武士の思想と仏教
原題・武士の思想に関する一考察――仏教との関係を手がかりにして
『倫理学紀要』第二一輯、東京大学文学部倫理学研究室、二〇一四年

第三章　和とは何か――「和を以て貴しと為」と「和敬清寂」
原題・日本思想における「和」に関する一考察――「和を以て貴しと為す」と「和敬清寂」をてがかりとして
岡山大学キャンパスアジア「東アジアの共通善」伝統思想部会（二〇一五年七月二〇日）における口頭発表のための配布資料。

第四章　徳という思想

原題・日本仏教における「徳」をめぐって

黒住真編『徳の巻』、シリーズ思想の身体、春秋社、二〇〇七年

第五章　「修行」から「修養」へ――日本仏教の中世と近世

原題・日本仏教における中世と近世――「修行」から「修養」へ

『お茶の水女子大学　人文科学研究』第九巻、二〇一三年

第六章　共生の根拠――仏教・儒教・神道

原題・「共生」をめぐる一考察――仏教・儒教・神道の観点から

『倫理学紀要』第二二輯、東京大学文学部倫理学研究室、二〇一五年

頼住光子

1961年，神奈川県生まれ．専攻，日本倫理思想史．91年，東京大学大学院人文科学研究科博士課程修了．お茶の水女子大学大学院教授，東京大学大学院人文科学研究科教授を経て，2024年より駒澤大学仏教学部教授，東京大学・国際日本文化研究センター名誉教授．
著書，『道元――自己・時間・世界はどのように成立するのか』（2005年），『日本の仏教思想――原文で読む仏教入門』（2010年），『道元の思想――大乗仏教の真髄を読み解く』（2011），『正法眼蔵入門』（2014），『原典で読む日本の思想』（2024）ほか．

新装版 さとりと日本人　食・武・和・徳・行

2024年5月24日　第1刷発行

著　者　頼住光子《よりずみみつこ》

発行者　中川和夫

発行所　株式会社 ぷねうま舎
〒162-0805　東京都新宿区矢来町122　第二矢来ビル3F
電話 03-5228-5842　　ファックス 03-5228-5843
https://www.pneumasha.com

印刷・製本　真生印刷株式会社

ISBN 978-4-910154-55-8　　Printed in Japan

冥顕の哲学1　死者と菩薩の倫理学
末木文美士
四六判・二八二頁
本体二六〇〇円

冥顕の哲学2　いま日本から興す哲学
末木文美士
四六判・三三六頁
本体二八〇〇円

湯殿山の哲学
——修験と花と存在と——
山内志朗
四六判・二四〇頁
本体二五〇〇円

跳訳　道元
——仏説微塵教で読む正法眼蔵——
齋藤嘉文
四六判・二四八頁
本体二五〇〇円

釈宗演と明治
——ZEN初めて海を渡る——
中島美千代
四六判・二七二頁
本体二八〇〇円

《未来哲学双書》

東洋哲学序説　井筒俊彦と二重の見
西平　直
四六判・二一四頁
本体二〇〇〇円

東洋哲学序説　西田幾多郎と双面性
西平　直
四六判・二二八頁
本体二三〇〇円

仏教哲学序説
護山真也
四六判・二八〇頁
本体二四〇〇円

——ぷねうま舎——
表示の本体価格に消費税が加算されます
2024年5月現在